企业年金管理实务

国网浙江省电力有限公司　组编

中国电力出版社
CHINA ELECTRIC POWER PRESS

内 容 提 要

本书系统性梳理总结了企业年金基本概念、发展历程、建立运行及筹资缴费等内容，对企业年金业务和投资运营等进行了详细介绍。全书包括七章。前半部分主要对企业年金的基础概念和发展历程进行介绍，包括企业年金的定义、发展历程；企业年金计划的建立和运行两种受托模式的介绍和对比；企业年金资金筹集与缴费模式。后半部分主要针对企业年金日常管理、企业年金与个人所得税、企业年金的投资和企业年金风险管理进行介绍，包括常规业务、账户管理、税收模式、个人所得税的计算、投资工具和投资策略、信息披露机制、风险准备金制度等。

本书通过以上七章内容，从基本概念、建立运行、业务操作和投资管理等方面对企业年金做了较为详尽的介绍，可为企业年金管理人员提供业务和管理参考，也可为对企业年金较为关心的职工提供系统性知识介绍，促进广大职工对企业年金的认知和了解。

图书在版编目（CIP）数据

企业年金管理实务/国网浙江省电力有限公司组编．
北京：中国电力出版社，2024.12. -- ISBN 978-7-5198-9383-5
Ⅰ.F842.67
中国国家版本馆 CIP 数据核字第 20242PG979 号

出版发行：中国电力出版社
地　　址：北京市东城区北京站西街 19 号（邮政编码 100005）
网　　址：http://www.cepp.sgcc.com.cn
责任编辑：王蔓莉（010-63412791）　田丽娜
责任校对：黄　蓓　王小鹏
装帧设计：赵丽媛
责任印制：石　雷

印　　刷：廊坊市文峰档案印务有限公司
版　　次：2024 年 12 月第一版
印　　次：2024 年 12 月北京第一次印刷
开　　本：710 毫米×1000 毫米　16 开本
印　　张：8.5
字　　数：135 千字
定　　价：42.00 元

版 权 专 有　侵 权 必 究
本书如有印装质量问题，我社营销中心负责退换

编委会

主　　任　刘理峰
副 主 任　徐汉兵　王权　刘燕　柳志军
委　　员　方奇凤　周晓虎　王瑛　王喆　王岩
　　　　　徐学礼　李华龙　孙路　李朱悦　李政
　　　　　胡瑛俊　周伟林　吴哲彬　朱维新　徐丝丝
　　　　　李明俊　汪鲁

编写组

组　　长　方奇凤
副 组 长　周晓虎
成　　员　王瑛　　李金　　徐得微　徐夏芳　彭坤
　　　　　孙钊栋　金绘民　冯燕　　叶杏　　徐海深
　　　　　林虹谷　张一池　沈忱　　金丽君　马振丽
　　　　　汪露梦　金恩莲　王若洁　赵正青　李振功
　　　　　韩西成　陈春好　雷婧宏　章宏娟　杨继崇
　　　　　王伊彬　童珊珊　蒋小萍　杨锦安　邢红敏
　　　　　凌珍　　李文达　叶朝晖　翁佳莉

前　言

企业年金是企业及其职工在依法参加基本养老保险的基础上，自主建立的补充养老保险制度。企业年金作为多层次养老保险体系中第二支柱的重要内容，旨在为职工在到达法定退休条件后除基本养老保险待遇外，提供额外的收入来源，为职工晚年生活增添一份保障。自20世纪90年代初探索建立至今，我国企业年金经历了三十余载的发展，相关法规、制度和配套规定逐渐得以成熟完善，在保障职工退休生活品质方面发挥了重要的作用。当前，我国养老保障制度日益完善，建立企业年金的企业数量逐渐增多，截至2023年底，全国共有14.17万户企业建立企业年金，参加职工3144万人。

随着养老规划意识增强，职工对于自身保障权益更加关注。作为企业保障管理人员，更加需要了解关于企业年金相关内容，为做好相关业务管理和职工专业知识储备服务。本书梳理了企业年金基本概念、发展历程、建立运行及筹资缴费等内容，整理了企业年金的日常业务管理、税收、投资及风险管理等内容，为企业年金管理人员提供参考。前三章主要介绍企业年金相关基础知识，后四章集中介绍了相关业务管理和投资运营方面的知识。本书主要适用于企业年金管理人员，也可作为普适性读本，使参加企业年金的职工了解相关知识与自身权益。

由于时间仓促、编写人员水平有限，书中可能存在错误，恳请各位读者指正。

目 录

前言

第一章 企业年金的基础概念和发展历程 … 1

 第一节 企业年金的基本概念 … 1

 第二节 企业年金的供需分析及积极意义 … 2

 第三节 企业年金与基本养老保险、商业补充养老保险的区别 … 4

 第四节 我国企业年金发展概述 … 5

 第五节 世界各国的企业年金发展历程 … 14

 第六节 养老金替代率研究 … 24

第二章 企业年金计划的建立和运行 … 28

 第一节 企业年金计划建立的条件 … 28

 第二节 企业年金计划方案 … 29

 第三节 企业年金计划的运行 … 31

 第四节 企业年金管理模式 … 34

第三章 企业年金资金筹集与缴费 … 37

 第一节 企业年金基本筹资模式 … 37

 第二节 世界部分国家企业年金筹资模式对我国的借鉴 … 41

 第三节 我国企业年金筹资模式 … 47

第四章　企业年金日常管理 …… 50
第一节　企业年金日常管理流程 …… 50
第二节　企业年金账户 …… 53
第三节　企业年金个人账户的管理 …… 56

第五章　企业年金与个人所得税 …… 63
第一节　企业年金税优政策和各国税优模式比较分析 …… 63
第二节　年金个人所得税的计算和缴纳 …… 71

第六章　企业年金的投资 …… 76
第一节　我国企业年金投资发展现状 …… 76
第二节　企业年金投资的目标与原则 …… 78
第三节　企业年金投资工具 …… 81
第四节　企业年金投资策略概述 …… 94
第五节　企业年金的投资策略选择 …… 97
第六节　企业年金的个人投资 …… 107

第七章　企业年金风险管理 …… 109
第一节　信息披露机制 …… 109
第二节　企业年金投资主要风险分析 …… 111
第三节　基金担保机制—风险准备金制度 …… 114
第四节　企业年金投资绩效评估 …… 116
第五节　投资风险类型及风险控制 …… 119
第六节　年金管理的挑战与对策 …… 121
第七节　国家对于企业年金风险管理的监管监督 …… 123

参考文献 …… 125

第一章
企业年金的基础概念和发展历程

第一节　企业年金的基本概念

企业年金是指企业及职工在依法参加基本养老保险的基础上，自主建立的补充养老保险制度，旨在为企业职工提供一定程度的退休收入保障。企业年金制度既不同于养老社会保险，也不属于商业保险，是现代多支柱养老社会保障体系的重要组成部分，从社会的角度来看，企业年金是对基本养老保险制度的重要补充，其直接目的是提高退休职工的养老金待遇水平；从企业角度来看，企业年金可视为人力资源战略的重要组成部分，有效发挥中长期激励作用，为企业吸引和留住人才。

我国多层次、多支柱养老保险体系包含三大支柱。第一支柱是基本养老保险，包括职工基本养老保险和城乡居民基本养老保险，由政府主导。基本养老保险是多层次养老保险体系的主体部分，立足于保基本，体现社会共济原则。截至 2023 年底，全国基本养老保险参保人数达 10.66 亿人。第二支柱包括企业年金和职业年金，由单位和职工共同缴费，国家给予政策支持。截至 2023 年底，全国有 14.17 万户企业建立企业年金，参加职工 3144 万人。第三支柱是个人储蓄性养老保险和商业养老保险，是增加养老保障供给的有效形式。企业年金作为支撑养老的第二支柱，在提供退休后收入保障、提升老年人生活质量方面发挥着重要的作用。

企业年金主要有以下五个方面的典型特征：①企业自主建立，不同于城镇企业职工基本养老保险的强制性；②具有补充性质，是在政府强制实施的基本养老保险制度之外，为企业职工提供一定程度退休收入保障的补充性养老金制度；③企业和职工共同缴费，缴费具有灵活性；④国家给予税收优惠政策，企业和个人缴费均可以按规定抵扣；⑤建立职工个人账户，企业年金基金由具备资格的机构实行市场化运营，按照国家规定的比例和渠道进入金融市场。对于企业来说，建立合理的企业年金制度无疑可以成为改善员工福利、提升企业竞争力的重要手段。企业年金能更好地吸引和留住优秀员工，并且对于整个社会缓和人口老龄化压力、推动和谐与稳定劳动关系的发展进程，有一定的帮助作用。

第二节 企业年金的供需分析及积极意义

企业年金制度作为养老保障体系的一大支柱，对应对我国人口老龄化形势加剧、缓解社会保障体系的压力有一定的积极作用。国家层面已出台一系列政策大力发展企业年金制度，建立企业年金制度对于企业的发展发挥着积极的作用。

一、建立企业年金制度的必要性和迫切性

世界银行在1994年发布的《防止老龄危机：保护老年人及促进增长的政策》报告中，首次提出了养老保障体系的三大支柱理论。三方共同承担养老责任的养老保障体系是比较合理和可持续的。我国人口老龄化形势日趋严峻。受到人口老龄化、人均寿命延长、待遇刚性增长等多种因素的影响，我国已建立多年的社会保障体系逐渐显露出各种问题，使我国基本养老保险基金的收支压力逐步加大。该问题如果不能得到妥善解决，人口老龄化将给我国经济社会发展带来沉重的负担。同时，社会经济的发展也使得传统的代际养老方式不再成为主流，大多数人产生了担忧未来养老生活的焦虑，也愿意在壮年时期进行养老金的积累和规划。因此，发展第二、第三支柱养老保障体系逐渐成为全社会关注的焦点。企业年金制度的建立可以弥补现有社会保障体系的不足，构建多层次、多元化的养老保障体系，增加社会保障体系的可持续性和适应性。目前，设立企业年金制度的单位普遍为经营业绩稳定的国有大中型企业，覆盖面较小。社会大背景对企业年金的需要与目前企业年金制度在我国的建立及发展情况存在一定的差距。因此，有必要扩大企业年金建立的覆盖面，使更多的企业员工加入企业年金计划。

二、国家政策大力支持企业年金发展

目前，全球养老保障责任主体已从单一走向多元、责任领域从政府扩展到市场。我国的养老保障体系三支柱中，第一支柱基本养老制度已经实现了制度全覆盖，第二支柱和第三支柱的发展比较缓慢。企业年金制度的发展对于我国养老保障体系的健康发展意义重大。我国政府也陆续出台了一系列的政策措施促进企业年金制度的发展。

世界发达国家的经验表明，建立企业年金是完善多层次养老保障体系的必要之举。在国家建立基本养老保险制度的同时，大力开展企业年金作为基本养老保险制度的补充，形成多层次养老保险体系，这也是我国养老保险制度改革既定的目标。有条件的企业要抓住有利时机，加快建立企业年金，发挥企业年金在养老保障体系中第二支柱的重要作用，为职工在退休后能享受较高品质的晚年生活提供条件。

三、建立企业年金制度的积极意义

企业年金制度的建立能够形成企业与员工共同发展的机制和良性循环。通过为员工提供养老保障，有效缓解员工养老压力，提升员工的工作积极性和幸福感，进而促进企业的稳定发展。

企业年金的建立有利于降低税负。根据《关于补充养老保险费、补充医疗保险费有关企业所得税政策问题的通知》（财税〔2009〕27号），企业缴费部分在不超过职工工资总额5%以内的，在计算所得税时予以扣除。根据《财政部 人力资源和社会保障部 国家税务总局关于企业年金、职业年金个人所得税有关问题的通知》（财税〔2013〕103号），自2014年1月1日起，实施企业年金、职业年金个人所得税递延纳税优惠政策。企业年金在计提不超规定比例的情况下，允许税前扣除所得税。企业缴纳计入个人账户部分暂时不计入个人所得税。个人缴纳部分，在不超过规定比例内部分，在本期应纳税所得额中可扣除。延期缴税相当于对参加企业年金计划的职工降低了当期应纳税所得额，还将养老储蓄的部分时间价值让给了个人。这对企业和员工来讲，都是双赢。

企业年金的建立有助于企业吸引和留住人才。当今的劳动力市场，是企业和人才之间的双向选择市场。企业年金作为企业管理完善、具备雄厚经济实力的象征，会对人才产生强大的吸引力。同时，企业年金与基本养老保险相比，并不是一种强制性的制度，建立企业年金，体现了对员工的关怀，也体现了一种长远发展的企业文化，有利于吸引人才。通过企业年金方式形成的养老金对员工而言是延迟支付的薪酬。企业年金实际上是一份"隐形合同"，在吸引人才的同时，无形中对人才形成了约束，此种方式能够吸引员工增加为企业服务年限的意愿。

综上所述，企业年金制度的建立在当前老龄化的大背景下十分必要，企业年金制度的建立对于提升企业形象、促进员工发展、完善社会保障体系等方面具有重要意义。同时，在国家政策的大力支持下，随着我国经济的发展和人们对养老保障的需求不断增加，企业年金制度将逐渐成为一种趋势，对于企业的发展和员工个人生活都发挥着积极的作用。

第三节　企业年金与基本养老保险、商业补充养老保险的区别

企业年金是多支柱国家养老保障体系的重要组成部分，其目标定位、主办机构和资金积累方式上与基本养老保险、商业补充养老保险有着明显的不同。

（1）目标定位不同。基本养老保险具有强制参加、覆盖面广的特点，总体以公平、保障基本生活为主要原则。企业年金是由企业自主建立，国家不强制，以保障安全、适度收益、公平与效率相结合为主要原则，是对基本养老保险的补充。商业补充养老保险是个人自愿参加、市场化运营且有政府一定政策支持的养老金制度，是我国养老保险体系的有效补充。

（2）主办机构不同。基本养老保险由政府主办并管理。企业年金由人力资源和社会保障部核准的企业或管理运营机构管理。商业补充养老保险由经国家金融监督管理总局确定的商业银行、个人养老金产品发行机构和销售机构管理。

（3）资金积累方式不同。基本养老保险采用社会统筹与个人账户相结合的管理方式，退休金待遇的给付资金来自社会统筹基金和职工个人账户。企业年金则采用个人账户完全积累的方式，为每名参加企业年金计划的职工建立企业年金个人账户，企业缴费、职工个人缴费和投资所产生的收益都进入职工个人账户，企业年金给付来自本人企业年金个人账户的积累额。商业补充养老保险实行个人账户制，缴费完

全由投保人个人承担，自主选择购买符合规定的储蓄存款、理财产品等商业补充养老保险产品，实行完全积累。商业补充养老保险给付来自个人账户累计额。

第四节 我国企业年金发展概述

一、我国企业年金的发展

我国企业年金的发展历经了四个阶段，即探索初建阶段（1991—1999年）、改革试点阶段（2000—2003年）、框架规范阶段（2004—2010年）、逐渐完善阶段（2011年至今）。

1. 第一阶段：探索初建阶段（1991—1999年）

20世纪80年代末90年代初，中国经济开始从计划经济逐渐向市场经济过渡，基本养老保险制度也逐渐向社会保险转型。为应对这些变化，部分企业开始尝试建立企业补充养老保险，政府部门提出逐步建立基本养老保险与补充养老保险相结合的制度。1991年，中华人民共和国国务院（简称国务院）首次提出"补充养老保险"，并鼓励企业实施补充养老保险。1995年12月，中华人民共和国劳动部（简称劳动部）《关于印发〈关于建立企业补充养老保险制度的意见〉的通知》（劳部发〔1995〕464号）对补充保险实施的主体和条件、管理组织和决策程序、资金来源、待遇给付、投资运营等作出了明确的规定，并且提出补充养老保险要采取"缴费确定型"，这为企业建立补充养老保险做出了一个政策性指引。

这一阶段，我国企业年金制度初具雏形，为之后企业年金制度的发展奠定了基础，但由于探索初建时期社会保障体制及国情限制，关于企业年金制度的企业缴费、运营监管、税收、投资产品等方面还未作出规定。探索初建阶段（1991—1999年）政策详见表1-1。

表1-1　　　　　　探索初建阶段（1991—1999年）政策

时间	颁布单位	文件	综述
1991年	国务院	《关于企业职工建立养老保险制度改革的决定》（国发〔1991〕33号）	指出"逐步建立起基本养老保险与企业补充养老保险和职工个人储蓄性养老保险相结合的制度""企业补充养老保险由企业根据自身的经济能力，为本企业职工建立，所需费用由企业自有资金中的奖励、福利基金内提取。国家提倡、鼓励企业实行补充养老保险，并在政策上给予指导"

续表

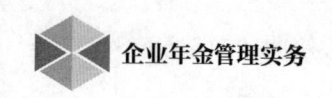

时间	颁布单位	文件	综述
1994年	第八届全国人民代表大会常务委员会第八次会议	《中华人民共和国劳动法》	规定"国家鼓励用人单位根据本单位实际情况,为劳动者建立补充养老保险。"为企业年金发展提供了法律依据
1995年	国务院	《关于深化企业职工养老保险制度改革的通知》(国发〔1995〕6号)	指出"国家在建立基本养老保险、保障离退休人员基本生活的同时,鼓励建立企业补充养老保险和个人储蓄性养老保险"
1995年	劳动部	《关于建立企业补充养老保险制度的意见》(劳部发〔1995〕464号)	明确规定补充养老保险制度的实施主体、实施条件、决策程序、管理组织、资金来源等内容
1997年	国务院	《关于建立统一的企业职工基本养老保险制度的决定》(国发〔1997〕26号)	建立了统一的企业职工基本养老保险制度,促进经济与社会健康发展

2. 第二阶段：改革试点阶段（2000—2003年）

2000年，国务院颁布《国务院关于印发完善城镇社会保障体系试点方案的通知》(国发〔2000〕42号）首次规范提出了企业年金的概念，并实行市场化运营和管理。经国务院批准，辽宁省率先开展企业年金试点工作。2001年，《国务院关于同意辽宁省完善城镇社会保障体系试点方案的批复》(国函〔2001〕79号）指出，建立企业年金需具备3个条件，同时指出，"大型企业、行业可以自办企业年金，鼓励企业委托有关机构经办企业年金"。这是后来企业年金两种受托模式的最初原型。2003年，国务院肯定了辽宁省的试点经验并推广全国，提出企业年金可以委托相关机构代办，确定企业年金制度个人账户的累计方式为完全积累式。

这一阶段，国家尚未对企业年金基金的具体运作模式作出明确规定，使得企业年金投资受到了一定的限制。改革试点阶段（2000—2003年）政策如表1-2所示。

表1-2　　　　　改革试点阶段（2000—2003年）政策

时间	颁布单位	文件	综述
2000年	国务院	《关于完善城镇社保体系的试点方案》(国发〔2000〕42号)	将企业补充养老保险规范为企业年金,明确了五项涉及企业年金的重要政策
2000年	辽宁省人民政府	《辽宁省完善城镇社会保障体系试点实施方案》(辽政发〔2000〕23号)	提出建立独立于企业事业单位之外的、资金来源多元化、保障制度规范化、管理服务社会化的社会保障体系

续表

时间	颁布单位	文件	综述
2001年	国务院	《国务院关于同意〈辽宁省完善城镇社会保障体系试点方案〉的批复》（国函〔2001〕79号）	指出建立企业年金需具备3个条件。同时，"大型企业、行业可以自办企业年金，鼓励企业委托有关机构经办企业年金"
2003年	国务院	《国务院批转劳动保障部等部门关于辽宁省完善城镇社保保障体系试点情况报告的通知》（国发〔2003〕6号）	总结肯定辽宁省试点经验；重点推进1～2省进行完善试点，逐步扩大试点范围

3. 第三阶段：框架规范阶段（2004—2010年）

2004年，《企业年金试行办法》[中华人民共和国劳动和社会保障部（简称劳动和社会保障部）第20号令]和《企业年金基金管理试行办法》（中华人民共和国劳动和社会保障部 中国银行业监督管理委员会 中国证券监督管理委员会 中国保险监督管理委员会 第23号令）相继颁布，对企业年金的建立和决策、构成和缴费、管理和待遇，以及企业年金基金的受托管理、账户管理、投资运营等作出了更加详细的规定。至此，企业年金制度的基本框架得以确立。2004年9月发布的《关于企业年金基金证券投资有关问题的通知》（劳社部发〔2004〕25号），对投资管理人、托管人和受托人的行为作出了明确规定，更好地保障了企业年金基金财产安全。2004年12月，《企业年金基金管理机构资格认定暂行办法》（中华人民共和国劳动和社会保障部第24号令）颁布，对企业年金基金管理过程中的各方机构或管理人作出规定。企业年金的相关制度进一步健全。

这一阶段，企业年金的制度框架初步确立，参与人数逐渐增多，关于企业年金投资范围、缴费标准、账户管理、待遇领取及投资运营等方面都出台了一系列的政策规定，企业年金制度逐步健全，框架规范阶段（2004—2010年）政策详见表1-3。

表1-3　　　　　　框架规范阶段（2004—2010年）政策

时间	颁布单位	文件	综述
2004年	劳动和社会保障部	《企业年金试行办法》（中华人民共和国劳动和社会保障部 第20号令）	建立多层次的养老保险制度，推动企业年金发展，更好地保障职工退休后的生活而制定的法规
	劳动和社会保障部	《企业年金基金管理试行办法》（中华人民共和国劳动和社会保障部、中国银行业监督管理委员会、中国证券监督管理委员会、国保险监督管理委员会令 第23号）	为企业年金基金的受托管理、账户管理、投资运营等规范化管理提供了政策指导

续表

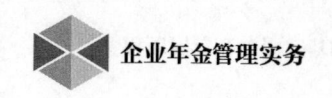

时间	颁布单位	文件	综述
2004年	劳动和社会保障部	《关于贯彻〈企业年金试行办法〉和〈企业年金基金管理试行办法〉的通知》（劳社部函〔2004〕72号）	具体部署规范企业年金管理、推动企业年金发展事项
	劳动和社会保障部、中国证监会	《关于企业年金基金证券投资有关问题的通知》（劳社部发〔2004〕25号）	进一步明确受托人、托管人、投资管理人的职责，并规范其管理行为
	劳动和社会保障部	《企业年金基金管理机构资格认定暂行办法》（劳动保障部令第24号）	要求对从事企业年金基金管理业务的法人受托机构、账户管理人、托管人和投资管理人等，必须按规定的程序和条件，取得相应的企业年金基金管理资格
	劳动和社会保障部	配套《企业年金基金管理运作流程》《企业年金基金账户管理信息系统规范》《企业年金基金管理机构资格认定专家评审规则》	规范了企业年金委托人及从事企业年金基金管理的受托人、账户管理人、托管人和投资管理人的运作流程、信息交换和企业年金基金管理机构资格认定评审专家的选聘办法及评审专家职责
2005年	劳动和社会保障部	《关于企业年金方案和基金管理合同备案有关问题的通知》（劳社部发〔2005〕35号）	明确企业年金方案和基金管理合同备案的报送、受理和监管办法
	国务院国有资产监督管理委员会	《关于中央企业试行企业年金制度的指导意见》（国发分配〔2005〕135号）	提出建立中国的基本养老保险与企业补充养老保险和职工储蓄性养老保险相结合的社会保障体系
2007年	国务院国有资产监督管理委员会	《关于中央企业试行企业年金制度有关问题的通知》（国资发分配〔2007〕152号）	明确规定中央企业建立企业年金的缴费比例，并要求建立了补充养老的中央企业在2008年底前完成移交
	劳动和社会保障部	《关于做好原有企业年金移交工作的意见》（劳社部发〔2007〕12号）	要求由社会保险经办机构、原行业管理的以及企业自行管理的原有企业年金均应移交给具备资格的机构管理运营
2008年	人力资源和社会保障部办公厅	《关于对原有企业年金移交有关问题补充意见的函》（人社厅发〔2008〕9号）	明确企业年金过渡计划设立、编制、管理及信息披露办法
2009年	人力资源和社会保障部	《关于企业年金基金管理信息报告有关问题的通知》（人社部发〔2009〕154号）	明确维护企业年金计划委托人与受益人合法权益，加强对企业年金市场的监管，规范企业年金基金管理信息报告行为等内容

4. 第四阶段：逐渐完善阶段（2011年至今）

随着企业年金的实际运营，逐步暴露出一些问题，为进一步完善企业年金相关政策，加强企业年金监管，相关部门于2011年修订颁布了《企业年金基金管理办法》（中华人民共和国人力资源和社会保障部 中国银行业监督管理委员会 中国证券监督管理委员会 中国保险监督管理委员会 令第11号）。此外，

《关于企业年金集合计划试点有关问题的通知》（人社部发〔2011〕58 号）中，规范企业年金集合计划的设立、运行和监督，保护各方的合法权益，为更多企业建立企业年金创造了有利条件。2013 年，国家相关部门对企业年金个人缴费部分作出规定，即在不超过本人缴费工资计税基数 4%标准的部分，实行税前扣除，并且企业年金的投资收益在进入个人账户时不缴纳个人所得税。

关于企业年金基金的投资运营，也相继印发了相关文件，包括《关于扩大企业年金基金投资范围的通知》（人社部发〔2013〕23 号）、《关于企业年金养老金产品有关问题的通知》（人社部发〔2013〕24 号）、《关于企业年金基金股权和优先股投资试点的通知》（人社部发〔2014〕64 号）等，对企业年金投资范围、资产配置等做了相应的调整，拓宽了企业年金投资渠道，优化了资产配置结构，引入了养老金产品作为企业年金的归集工具。2018 年实施的《企业年金办法》（中华人民共和国人力资源和社会保障部、中华人民共和国财政部第 36 号令）对企业年金和基金管理规定做了优化与完善，对企业缴费和职工缴费方面作出了具体规定。进一步明确了监管职责、规范了市场行为。2020 年，《人力资源和社会保障部关于调整年金基金投资范围的通知》（人社部发〔2020〕95 号）及《关于印发调整年金基金投资范围有关问题政策释义的通知》（人社厅发〔2020〕112 号），对企业年金基金投资范围进行进一步调整。这一阶段企业年金制度在法律层面上得以体现，进一步发挥养老保障功能，并逐步发展成熟，逐渐完善阶段（2011 年至今）政策详见表 1-4。

表 1-4　　　　　逐渐完善阶段（2011 年至今）政策

时间	颁布单位	文件	综述
2011 年	人力资源和社会保障部、银监会、证监会、保监会	《企业年金基金管理办法》（人力资源和社会保障部、银监会、证监会、保监会令第 11 号）	维护企业年金各方当事人的合法权益，规范企业年金基金管理
2013 年	人力资源和社会保障部	《关于扩大企业年金基金投资范围的通知》（人社部发〔2013〕23 号）	促进企业年金市场健康发展，实现企业年金基金资产保值增值
	人力资源和社会保障部	《关于企业年金养老金产品有关问题的通知》（人社部发〔2013〕24 号）	明确养老金产品类型和投资比例
	人力资源和社会保障部、民政部	《关于鼓励社会团体、基金会和民办非企业单位建立企业年金有关问题的通知》（人社部发〔2013〕51 号）	鼓励民办非企业单位、社会团体、基金会等单位根据自身状况建立企业年金，进一步推动我国企业年金快速发展

续表

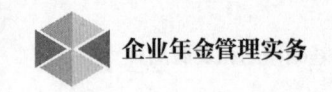

时间	颁布单位	文件	综述
2013年	国家税务总局、人力资源和社会保障部、财政部	《关于企业年金、职业年金个人所得税有关问题的通知》（财税〔2013〕103号）	明确年金基金投资运营收益分配计入个人账户时，暂不缴纳个人所得税
2016年	人力资源和社会保障部、财政部	《关于印发〈职业年金基金管理暂行办法〉的通知》（人社部发〔2016〕92号）	规范了职业年金基金管理，维护各方当事人的合法权益等
2018年	人力资源和社会保障部、财政部	《企业年金办法》（中华人民共和国人力资源和社会保障部、中华人民共和国财政部第36号令）	该办法弱化了企业年金的自愿性质、下调了筹资规模上限以及扩大了适用范围
2018年	国务院国有资产监督管理委员会	《关于中央企业规范实施企业年金的意见》（国资发考分〔2018〕76号）	明确企业年金实施条件、规范企业年金运营管理及加强企业年金组织保障
2020年	人力资源和社会保障部	《人力资源和社会保障部关于调整年金基金投资范围的通知》（人社部发〔2020〕95号）	促进年金市场健康发展，实现企业年金基金资产保值增值

二、我国企业年金发展现状

（一）企业年金的总体发展状况

1. 现有规模状况

企业年金的快速发展得益于国家出台的一系列有利于完善和可持续发展的企业年金政策。根据人力资源和社会保障部社会保险基金监管局发布的《2023年度全国企业年金基金业务数据摘要》显示，截至2023年底，建立企业年金计划的企业有141728家，是2007年的4.43倍，参保职工人数3144.04万人，是2007年的3.38倍，累计基金达31873.96亿元，接近2007年的21倍。此外，我国企业年金基金总额占基本养老保险基金的40.77%，占GDP的2.53%。从企业年金的建立企业数量和参保职工人数上看，我国企业年金正朝着全覆盖方向发展，对我国养老保障体系的持续完善起到了非常重要的积极作用。然而，我国企业年金的发展规模与国际水平还有很大的距离，如何能让企业年金得到高效的发展，使之真正发挥养老保障体系的第二支柱作用，是迫切需要解决的问题。

2. 市场参与主体状况

当前，我国企业年金市场的主体参与度逐步提高，其中以大企业引导企业年金市场为主，但中小企业的力量也不容忽视；从区域分布看，内陆地区参与建立企业年金计划的企业远低于经济发达的沿海地区；从行业类型看，中央企业依然是企业年金的最重要的参与方。

中小企业作为我国数量最大的企业群体，在促进经济高效发展、增加就业、扩大税收、改善民生等方面发挥了重要作用。但中小企业在企业年金市场上起步相对较晚，在2011年集合年金计划提出后，企业年金计划开始逐步发展。所以，中小企业群体的企业年金还有巨大的发展空间。

目前，我国市场参与主体数量增长较快，但我国企业年金的覆盖面相对较小，行业发展也不平衡，建立企业年金的企业中大多数是国有企业，其他性质的企业和中小企业占比不高。所以，我国企业年金的发展还有很长的路要走。

3. 市场发展状况

从市场整体看，与2013年相比，2023年企业年金积累基金数增长428%，参加企业数增长114%，参加职工数增长53%。企业年金基金规模、参加企业数量及参加职工人数都保持较快的增长态势。可见，无论是市场参与主体的数量、还是企业年金市场主体参与进程、亦或是企业年金基金规模都在逐年刷新历史新高。但是，对于企业年金市场发展来说，我国建立企业年金制度的企业仍旧存在数量少且覆盖面窄的特点。

从参与企业情况看，税收优惠政策对业务发展具有一定推动力。企业年金税收优惠政策在很大程度上降低了企业和个人的税收负担，有效鼓励和推动了企业建立企业年金制度。在这一系列政策刺激下，我国企业年金市场参与主体数量增长较快，到2023年底，全国各企业参加企业年金从2007年的32000家增加到141728家。

从投资收益看，2023年全国企业年金实际经营资产达到了近3.15万亿元，当年投资收益325.86亿元，当年加权平均收益率1.21%。从2007年至2023年末，这十余年来年行业平均收益达到6.26%，较好地实现了企业年金基金保值增值的目标。

从受托人模式的角度来看，比例逐年上升的是单一计划法人受托模式，比例明显呈现下降趋势的则是理事会。越来越多的企业选择法人受托模式，这种模式具有专业性强、运作规范、法律责任承担能力强、独立性强等特点。

从待遇领取看，2013—2023年，一次性领取人数从37.41万人降至11.98万人，分期领取人数从20.42万人增加到296.18万人。这说明，税收优惠政策的

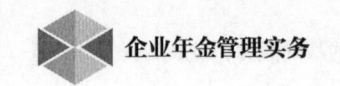

出台，很大程度上影响职工个人退休待遇领取方式的判定，越来越多的人选择分期领取，以减轻个人税收负担。

从养老金产品看，2023年养老金产品备案数649个，实际运作586个，运作规模22883.73亿元。与2014年相比，备案数、运作数、运营规模分别增加501个、524个、22369.38亿元，同比增长338%、845%、4349%。这些都有效地证明了企业年金市场的集约化规模投资方式的有益之处。

（二）企业年金基金市场的发展状况

从市场格局来看，保险类公司在企业年金受托人市场继续延续优势，投资业绩方面，保险类公司仍然占据优势，但值得注意的是，基金类公司的表现也可圈可点，从企业年金管理机构的方向来讲，市场格局并没有根本改变。下面分别从受托市场、投资市场、托管市场和账管市场四个方面论述我国企业年金基金市场的发展状况。

1. 受托市场

从机构类别来看，企业年金方案设计的本质是受托模式的选择，即委托人和受委托人之间沟通和协商。截至2023年底，采取法人受托模式的企业数为122719个，采取法人受托管理模式的企业占全部企业数86.6%，由此可见，法人受托模式越来越受企业青睐。涉及法人受托业务的机构中，有6家养老保险公司、1家基金管理公司、1家信托公司、4家银行。委托管理资产于2023年达到了23485.54亿元，其中，17144.75亿元是6家保险公司的受托管理资产，占市场比例的超73%，充分说明养老保险公司在法人受托领域的优势。

从市场集中程度看，2023年法人受托领域排名前三的管理机构是中国人寿养老保险股份有限公司、平安养老保险股份有限公司、中国工商银行股份有限公司，其受托管理的资产金额超过14576.9亿元的委托规模，占据了法人委托市场的62%，而中国人寿养老保险股份有限公司占据了近30%的市场份额。可以看出，市场集中程度很高。

2. 投资市场

目前，具备企业年金投资管理资格的机构有22家，从机构类别看，保险类、基金类和金融证券类是参与企业年金基金投资业务的主要机构。2023年，6家养老保险公司、2家资产管理公司、12家基金公司、2家金融证券公司的投资规模分别是9883.59亿元、6178.90亿元、12986.93亿元、2001.38亿元，占市场比例分别是 31.83%、19.89%、41.82%、6.45%。可以看出，基金类管理机构和保险类管理机构占市场份额超过 70%，处于优势地位。

从市场集中度看，2023 年企业年金基金投资规模前五名的公司分别是泰康资产管理有限责任公司、中国人寿养老保险股份有限公司、平安养老保险股份有限公司、易方达基金管理有限公司和工银瑞信基金管理有限公司，投资规模占比投资市场的 54.68%。因企业年金投资管理机构较多，其投资市场集中度低于受托市场。

3. 托管市场

2023 年，10 家托管银行中，中国工商银行、中国建设银行、中国银行、中国农业银行和招商银行是排名前五，并且托管资金高达 25635.05 亿元，占比超过 80%。其中，工商银行托管资产金额最高，达到 102.68 亿元，占据市场 1/3 的份额。由此可见，企业年金基金托管市场具有高度集中的特点。

4. 账管市场

从机构类别来看，主要账户管理机构有银行类、保险类、基金类和信托类公司，分别有 9 家、7 家、1 家和 1 家。2023 年，银行类、保险类、基金类和信托类个人账户数量分别为 2289 万、829 万、382 万和 26 万。其中，银行类依然处于绝对优势，占市场份额高达 72.80%。但是，保险类的市场份额正在逐年增长，发展势头明显。

从市场集中度看，2023 年，中国工商银行、中国银行、建信养老金管理有限责任公司、中国人寿养老保险股份有限责任公司和招商银行是个人账户管理机构中的佼佼者，共管理个人账户总数 2580.90 万个，占账户管理市场的 82.09%。其中，中国工商银行管理的个人账户数量为 1313.76 万，占市场比重为 41.79%，持续保持领先地位。

（三）企业年金结构发展状况

1. 地域发展不平衡

从地域分布角度看，沿海发达省市企业年金发展更好，覆盖率更高，如上海、北京、广东、江苏、山东、浙江等。截至 2023 年末，上海市参与企业年金计划的企业最多，有 11450 家企业，企业年金资产金额达 1337.67 亿元。而经济相对落后的内陆地区企业年金起步晚，发展相对缓慢，如西藏自治区有 67 家企业参与企业年金计划，资产金额仅有 18.05 亿元。总的来说，中西部地区的企业

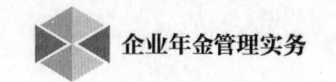

年金发展落后于东部沿海省市。

首先，在各地建立企业年金的企业数量方面，沿海发达省市数量远多于中西部地区。截至2023年底，上海、北京、广东、江苏、浙江五个省市建立企业年金的企业数量有36859家，而甘肃、宁夏、海南、青海、西藏仅有2941家。其次，在参与企业年金的职工人数方面，东部沿海省市仍旧占绝大多数。到2023年末，全国有3144.04万人参加企业年金，上海、北京、山东、广东、江苏五省市参与人数占全国总数的16.42%。甘肃、宁夏、海南、青海、西藏这些地区参与企业年金的员工总数仅占全国总数的1.51%。最后，在企业年金资产金额方面，截至2023年底，上海、北京、广东、江苏、山东有5022.93亿元，占全国总额15.76%。而甘肃、宁夏、海南、青海、西藏仅有390.49亿元，占全国总额的比例不足1.23%。由此可见，全国各个地区的企业年金的发展具有严重的不平衡性。

2. 发展结构不平衡

从发展结构来看，在经济效益较好的行业，企业年金发展稳定。国企是国民经济体系的核心支柱，在我国经济发展中占据着重要地位。2019年底，在人力资源和社会保障部备案的单一计划及加入集合计划的中央企业的累计额就达到2539亿元，占基金总额的52.68%，超过31个省市的地方企业。相比之下，其他经济类型企业的企业年金发展落后于国有企业。同时，产业发展差距大，经济效益好的产业快于其他产业。不同地区之间的发展差异很大，经济落后地区发展速度落后于沿海和经济发达地区。

第五节　世界各国的企业年金发展历程

一、德国企业年金发展历程

德国企业年金是指企业为雇员提供的一种补充性的养老保障，其历史可以追溯到19世纪中期，远远早于国家公共养老计划，当时一些比较富裕的企业，如西门子股份公司、克虏伯（Krupp）股份公司和亨歇尔（Henschel&Sohn）公司等，为了吸引和留住优秀的雇员，开始为他们设立员工养老金计划。这些计划是在早期工业化培育的市民社会自我发展的背景下由企业私人负担的，没有国家的干预和规范。

然而，在 19 世纪末，德国社会发生了重大变化。由于工业化和城市化的加速，社会问题日益突出，工人阶级的不满和抗争日益激化。德国政府为了缓解社会矛盾，维护国家稳定，采用了"社会市场经济"模式，即在保持市场自由的同时，强调国家对社会平衡和经济过程的纠正性干预。在这一理念下，德国在 1889 年颁布了世界上首部公共养老保险法律，并创建了全民养老保障制度，将养老保障作为国家给付的责任和法治国家的特征。这一制度对私人年金产生了巨大的替代效应，导致企业年金的衰退。也就是说，在初期的经济繁荣时期，德国并没有充分认识到企业年金补充养老保险的重要性，且企业年金也始终处于辅助地位。

20 世纪 70 年代以后，包括德国在内的资本主义国家受到了金融危机的影响。随着经济发展速度的减缓和资金积累能力的减弱，人口老龄化加剧，赡养比例上升，法定的养老保险基金承受着很大的压力，退休人员的退休待遇水平迅速下滑到只能基本满足生活需求，正是在这样的背景下，德国将目光转向了企业年金制度的构建上。德国在 1974 年颁布了《企业养老金法》(Betr AVG)，标志着德国企业补充养老金计划开始走上有序发展之路，该制度管理包括 1974 年以前建立的各种类型企业的年金计划，规范企业补充养老金计划的权利保留、待遇调整、破产保护、税收等。该法通过对参与企业年金计划的企业和雇员给予税收优惠、持续性补贴等，促进了企业补充养老保险的快速发展。

2001 年之前，战后德国的法定养老保险几乎是老年人的唯一退休收入来源。按三支柱划分，根据 1999 年的数据，从退休人员的总收入构成看，收入中有 85% 来自法定养老保险，5% 来自职业养老金，10% 来自个人养老金，第一支柱占比明显过高。为解决养老金支付体系的可持续发展问题、人口结构老龄化问题及在养老体系内更好地实现社会公平的问题，德国对养老金制度进行了一系列重要的改革。其中，最著名的是 2001 年里斯特养老金改革（riester reform）和 2004 年重新定义德国养老金体系的两次重点改革，自 2005 年 1 月 1 日起，德国养老金架构从传统意义上的"三支柱"被重新定义为三层次体系。在这一体系下，企业年金被划分为第二层次，即享受政府税收优惠和直接补贴的补充养老保险。这一层次的企业年金包括企业养老金和里斯特养老保险。企业养老金是企业对雇员提供的一种补充性的养老保障，其包括五种执行形式，即直接承诺保险金、

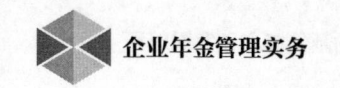

互助基金、直接保险、养老金账户及养老金基金。里斯特养老保险是一种个人储蓄性的养老保险，其由政府提供补贴和税收优惠，由保险公司、银行、基金公司或住房互助储金信贷社等机构提供产品，由个人或家庭自由选择购买。重新界定后的三层次体系，使得法定养老金从最强支柱转变为三层次体系的一个部分，将德国2001年和2004年两次养老金改革的成果——里斯特养老金和吕鲁普养老金明确划入德国养老金体系，极大地强化了资本积累制在德国养老体系中的作用。

其后，德国的养老金制度又进行了多次调整。这些改革为企业年金提供了更多的空间和机会，也促进了企业年金的多样化和创新化。例如，2018年新法改革，德国实施了《企业年金强化法》旨在促进"劳资伙伴模式下"的企业年金制度优化，突破性引入纯缴费承诺模式，由单一确定给付型模式（defined benefit，DB）向与缴费确定型模式（defined contribution，DC）相结合的多元模式转变。同时，在税收优惠和社会基本给付方面给予低收入者更多支持，并引入了"退出选择"机制等。

二、美国企业年金发展历程

1. 产生时期（1875—1920年）

19世纪后期，美国经济迅速发展，工业化、城市化，劳动力市场竞争激烈，雇员的流动性增加，企业面临着人才流失的风险。同时，美国社会保障制度尚未建立，雇员在遭遇工伤、残疾、死亡等情况时，往往无法得到足够的赔偿或补偿，导致生活困难或家庭贫困。因此，19世纪后期，美国社会出现了一股改革浪潮，要求政府和企业改善劳动者的工作条件和生活水平，提倡社会正义和人道主义。在此背景下，1875年美国运通公司为其雇员建立了最早的企业年金计划。在这一阶段，美国企业年金计划的主要特征包括：只有永久残疾的工人才能获得养老金津贴和福利；企业年金计划的资产没有独立的信托基金，而是和公司的资产合并；企业年金计划的筹资几乎完全依赖于公司的当期应税收入，不需要雇员分担；企业年金计划的资产几乎不进行任何投资运营。

2. 增长时期（1920—1945年）

这个时期是美国企业年金制度增长的时期，到1925年，美国各大铁路、电力、银行、煤矿和石油公司已经纷纷设立了雇员伤残养老金补助项目。这一阶段企业年金迅速发展的重要特征包括：从早期的针对伤残老年人发放津贴，转变成普遍地向退休雇员发放退休金；员工逐渐被要求缴纳一定比例的收入；公司将为养老金计划提供资金的资产与公司的资产分开，并将其置于由保险公司提供的信托中；企业年金计划以自身的资金投入来运作，其主要投资目标为保险公司所销售的保险合约。

3. 变革时期（1945—1973年）

第二次世界大战后，美国企业年金计划随着国内经济的高速增长而快速发展，企业年金计划从数量和资产方面都大幅增长，覆盖范围和资产规模大增，呈现出如下特点：企业年金计划成为吸引高素质雇员的重要福利；美国出台了一系列税收政策为企业年金计划提供延税、减税的好处；美国企业年金计划对美国的资本市场进行了大量的投资；对参与人的权益保护问题备受关注。这一时期，由于法律法规不健全，而企业年金资产增长迅速，导致保护参与者利益的不足和缺陷。最终，出现了1974年《雇员退休收入保障法》的立法。

4. 规范时期（1974年至今）

1974年，美国国会通过了《雇员退休收入保障法案》（$Employee\ Retirement\ Income\ Security\ Act$，ERISA），全面建立了美国雇员参加雇主养老保障计划的参保人和受益人权益的保障制度，以保护那些雇主不能审慎管理的养老金计划，规定了参与资格、权益归属、基金管理、信息披露、保险担保等内容，并设立了专门的监管机构和法庭。20世纪70、80年代，美国企业年金出现从待遇确定型向缴费确定型的转变，后者更灵活、便携、个性化，并减轻了企业风险。1978年，美国颁布了401（k）计划的规则，使得这种缴费确定型的企业年金计划得到了快速发展和普及，年金计划得到了繁荣发展。

此后，美国出现多种缴费确定型企业年金计划，如403（b）计划、457计划、SIMPLE计划（saving incentive match plans for employees，SIMPLE）、SEP计划（simplified employee pension，SEP）等，为不同类型的雇主和雇员提供更多选择。21世纪初，美国经历了"9·11"恐怖袭击、科技泡沫破灭、企业丑闻等冲击，导致企业年金基金投资收益大幅下降，退休人口增加和寿命延长也增加了支付压力，部分企业破产或停止缴纳企业年金。为此，2006年美国通过《养老金保护法案》（$Pension\ Protection\ Act$，PPA），旨在保护退休账户并追究现有养老金账户资金不足的公司的责任，该法增加缴费上限、提供多种投资选项和默认投资组合、延长退休年龄等。不断推动实施更多的企业税收优惠政策，将企业自动加入机制正规化，使用合格默认投资管理工具等，使美国的企业年金体系的覆盖范围进一步扩大。

在这个发展时期，主要呈现的特点有：美国的企业年金制度的改革和发展已经趋于成熟，其企业管理体系、风险资本和基金经营管理体系也日趋完善；由于各种扩面措施的实施，美国企业年金制度的覆盖面不断扩大；美国出台新的法律和政策，完善和优化企业年金制度。

三、澳大利亚企业年金发展历程

澳大利亚养老保障体系有三支柱：第一个支柱是国家提供的基本养老金，也叫公共年金，它是根据家庭收入情况向本国公民和永久居民发放的，但收入替代率较低；第二个支柱是强制性的企业年金，也叫职业年金或超级年金，它是一种由私营部门管理的、采用个人实账制的计划，要求所有雇主为雇员缴纳一定比例的工资作为养老金；第三个支柱是个人自愿参与的额外退休储蓄计划，包括长期个人储蓄和自愿性的职业养老金。

澳大利亚企业年金的雏形可以追溯到1862年，当时澳大利亚商业银行推出了第一个职业年金计划，作为一种雇主提供给员工的福利。这种计划只覆盖了公共部门（主要为政府部门和银行）职员，缴费和给付都没有法律保障，替代率不高，覆盖率很低。在随后的一个多世纪里，澳大利亚政府曾多次尝试引入类似于欧美国家的收入相关的退休收入计划，但都因为战争、经济危机或政治阻力而未能实施。在1986年之前，澳大利亚的养老事业主要依赖于联邦政府的基本养老金，但其覆盖率也很低，只有20%～25%，不能有效地保障老年人的生活水平。除联邦政府的养老金外，一些企业为了留住优秀员工，还设立了自愿性的职业养老金，但这只是一种企业激励措施，并不具有社会化的养老功能。到20世纪80年代初期，该计划仍然只限于政府和公营部门，私营部门的覆盖率也只有30%左右。

1983年，澳大利亚工会和政府劳动部门达成协议，要求所有雇主把相当于雇员工资的3%的资金上缴作为养老金留存。1986年，澳大利亚政府颁布了《国家工资法》，标志着超级年金在私人部门的全面实施，并意味着超级年金从企业福利向企业责任转变。该法规定雇主可以通过为雇员缴纳职业年金（税率为基本工资的 3%）来代替增加个人工资。由于超级年金是在政府年金之外建立的养老储蓄金，因此称为"超级年金保障"（superannuation guarantee，SG）。当时的超级年金属于自愿性质，因此只有 40% 的雇员参加。

然而，仅靠雇主自愿缴费和 3% 的缴费比例还不足以解决养老保障问题。因此，1992 年澳大利亚政府通过了《超级年金保障法》，强制所有雇主为其雇员提供超级年金，并要求在 10 年内将缴费比例从 4% 提高到 9%，目的是使工资替代率逐步提高 40% 左右。同时，政府也通过了《超级年金行业监管法》以加强对超级年金的管理，对不缴费的雇主进行严厉的税收惩罚。它和信托法、超级年金保证法、税法及社会保障法一起，构成了对整个超级年金制度进行监督和管理的严格的法律框架。超级年金由政府委托基金经理、保险公司和咨询公司等进行运营。为了对超级年金进行监督管理，1998 年澳大利亚政府专门设立了审慎监管局（The Australian Prudential Regulation Authority，APRA），负责对银行、保险公司等金融机构进行监管。正因为如此，超级年金发展迅速，覆盖率从 1983 年全劳动力的 40% 迅速增加到 20 世纪 90 年代中期的 90%。

在超级年金制度启动和建立的基础上，澳大利亚政府在 1998 年以后又进行了一系列的改革和创新，以适应社会经济的变化和人们的需求。这些改革主要包括以下几个方面：

（1）提高缴费比例和扩大覆盖面。为了增加超级年金的储蓄规模和保障水平，澳大利亚政府多次上调超级年金的雇主缴费比例。同时，澳大利亚政府也将超级年金的覆盖面扩大到自雇人员、临时工、兼职工等群体。

（2）引入个人投资选择权和退休储蓄账户。政府于 1997 年引入了退休储蓄账户，作为一种资本保全的超级年金计划，由银行和寿险公司提供，并不属于信托资产。政府于 2005 年又推出了个人投资选择权，允许雇员自由选择超级年金基金或产品，并根据自己的风险偏好和收益期望进行投资组合调整。

（3）加强评估和监管。为了保障超级年金的安全性和有效性，政府更加注重对超级年金的评估和监管，并根据评估结果修订法规，为超级年金运营创造有利的市场环境。

四、英国企业年金发展历程

英国自 1908 年建立国家统筹养老金制度起已经 100 多年，较早地发展了社会福利制度，但企业年金制度发展较迟。英国的养老金制度第一支柱包括国家养老金和养老金补贴；第二支柱涵盖范围较广，雇员可以在政府提供的收入关联养老金计划、国家第二养老金、雇主提供的职业养老金计划及个人养老金计划中选择；第三支柱是包括个人自愿额外缴费、储蓄及其他年金和寿险的完全自愿性的养老储蓄。英国企业年金发展历程可以概括为以下三个阶段：

1. 建立时期（1908—1993年）

1908年，英国建立了国家统筹养老金制度，但其待遇水平很低，不能满足人们对优质退休生活的期望。于是，一些雇主开始为雇员提供额外的养老金计划，以吸引和留住优秀人才。但这些计划没有统一的法律规范和监管机制，也没有与国家养老金制度相协调。

20世纪70年代，英国受到世界经济危机的冲击，开始对养老事业进行改革，逐渐缩减公共养老方面的财政开支，并大力发展私人养老金。1973年，英国政府建立了收入关联养老金计划（state earnings related pension scheme，SERPS），作为国家统筹养老金制度的补充。1986年，英国政府通过了《1986年社会保障法案》，并在该法案中第一次制定并颁布了职业年金制度。该法案降低了SERPS的待遇水平，并进一步扩大了"退出合约"制度的适用范围，允许个人选择退出SERPS，参加个人养老金计划，政府还为个人养老金计划提供了税收优惠和补贴，以吸引更多的参与者。这一改革引发了一系列的问题，如个人养老金的误售、管理费用过高、投资风险过大等。同时，职业养老金也面临着资产缩水、赤字增加、监管缺失等挑战。

2. 改革时期（1994—2007年）

这一阶段是英国职业年金制度从繁荣到危机、从危机到转型的过程。由于经济衰退、股市下跌、寿命延长、利率下降等因素的影响，许多按照受益基准原则实施的职业年金计划出现了资产不足和资产负债的恶化问题。为了应对这些问题，英国政府和雇主采取了一系列措施，包括提高缴费率、降低待遇水平、关闭或冻结受益基准计划、转换为贡献基准计划等。

为有效监督和维护职业年金的资产安全，英国政府开始对养老金制度进行修正和完善。1995年，英国政府制定了《1995年养老金法案》，建立了职业养老金监管局（Occupational Pensions Regulatory Authority，OPRA），与职业养老金管理委员会（Occupational Pension Board，OPB）一道统一监管养老金的投资

运营。但该种被动反应式的监管模式在发挥作用的同时，也产生了一系列的负面影响。为此，2004年英国政府又颁布了《2004年养老金法案》，设立了新的养老金监管局（The Pension Regulator，TPR），取代OPRA，以期实现对职业养老金制度的全面性、专业化监督管理。该法案还建立了养老金保护基金（pension protection fund，PPF），为无法支付足够退休金的职业养老金计划提供最后安全网。

3. 完善时期（2008年至今）

这一阶段是英国企业年金制度不断优化和提升的阶段。在这一阶段为增加职业养老金的参与率、提高职业养老金的待遇水平、保障职业养老金的资产安全、促进职业养老金的可持续发展等，英国政府采取了一系列的措施：

（1）引入自动加入机制。为了扩大职业养老金的参与率和普及率，英国政府于2008年通过《养老金法案》，规定从2012年起，所有符合条件的雇主必须为所有符合条件的员工提供至少符合最低标准的缴费确定型（DC）的职业养老金计划，并自动将员工加入其中，除非员工主动选择退出。

（2）推行自动升级政策。为了提高企业年金的缴费水平和养老收益水平，英国政府于2017年通过了《2017养老金法案》，规定从2018年起，逐步提高雇主和员工对企业年金计划的最低缴费比例，最终达到8%的目标。

（3）实施养老金自由化改革。为了提高职业养老金的灵活性和个性化选择，实施了一系列改革措施，包括取消强制购买退休年金的要求，允许员工在退休后一次性提取或分期提取其个人账户中的资金；取消对个人账户中资金转移和投资组合调整的限制，允许员工根据自己的风险偏好和收益期望进行更为灵活的安排；降低对个人账户中资金遗留给继承人或受益人时征收的遗产税等。

五、日本企业年金发展历程

日本企业年金最早起源于日本的"一次性退职金制度"，第二次世界大战前，日本的少数企业效仿欧美国家在企业内部建立了一次性退职金制度，在雇工退休后支付一次性退职金。第二次世界大战后，随着日本经济的复苏和重建，一次性退职金支付制度在大部分企业中实行，并在20世纪60年代以后逐渐演变成企业年金。日本企业年金体系种类繁多，既有受国家监管和财政支持的年金形式，也有完全由企业自主管理和运营的年金形式。此外，日本企业年金制度

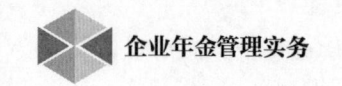

还与企业规模有关，有针对大企业和中小企业的不同方案。

适格退休年金制度（tax-qualified pension plan，TQPP）是日本第一个正式的企业年金制度，始于1962年，是企业与保险公司或信托银行签订合同，委托其管理和运营年金资产，在员工退休或离职时，按照预定的金额支付年金或一次性退职金。这种制度采用EET（exempting-exempting-taxing）模式（即在缴费、投资、领取三个阶段分别为免税、免税、纳税），这一税收优惠措施对于中小企业而言具有很大的吸引力，使参保人数迅速增加。但此后由于经济泡沫破裂，该计划存在年金积累不足等问题。2002年，《确定给付企业年金法》实行后，适格退职年金不能再缔结新的合同，随着TQPP制度逐渐转移至待遇确定型企业年金制度，在2012年这一制度被取消。

厚生年金基金制度（employee pension fund，EPF）是一种在厚生年金（即日本的社会养老保险）之外，由企业自愿建立的补充性养老金制度，最早出现于1965年，它的特点是企业代替国家支付厚生年金的老年金的一部分，并且在此基础上增加自己独立的年金。这样，厚生年金基金的加入者可以获得比普通厚生年金更高的年金收入。但由于经济衰退、人口老龄化、资产泡沫等原因，该制度出现了严重的财政危机和信任危机。2013年，法律进行了改革，规定2014年4月以后不再允许新设立厚生年金基金。

20世纪90年代，随着日本经济泡沫破裂，原有的主要由一次性退职金支付制度和适格退休年金制度组成的日本企业年金体系出现了许多问题，如企业财务负担过重、年金水平不稳定、企业年金运营环境恶化等。为了应对这些问题，日本政府创设了两种新型的企业年金制度，即待遇确定型企业年金制度和缴费确定型企业年金制度。

待遇确定型企业年金制度（DBCP）。原有的TQPP存在参保者权益保护不足的问题，EPF存在代行职能过重和风险承担过大的问题，2001年创立的DBCP旨在保护参保者的权益，同时减轻企业的负担。这是一种由企业向雇员承诺确定的支付金额，企业不再履行代行功能而由专业机构管理和运营年金资产的一种方式，在形式上比较灵活，提供了合约型和基金型两种形式。DBCP在创设后得到了快速发展，很多原来参加TQPP和EPF的企业转移至DBCP。DBCP的特点是企业承担退休金的风险，保证员工在退休时能按照预定的水平领取退休金，不受市场波动和投资收益的影响。

缴费确定型企业年金制度（DCCP）。这是 2001 年通过的《缴费确定年金法案》（日本版 401K 计划）所规定的一种新型企业年金制度。该制度主要面向工薪族，是允许雇主和雇员共同缴费，并享受税收优惠政策，由雇员自主选择投资方案，并承担投资风险的一种方式。该制度适应了职业流动的增加和终身雇用制度的逐渐瓦解等社会变化。这一制度的优点是可以提高雇员的积极性和责任感，增加年金资产的透明度和灵活性，减轻企业的财务负担和风险。但是，这个制度的缺点是增加了雇员的投资风险和管理成本，可能导致年金水平不稳定或不足。

六、韩国企业年金发展历程

韩国多支柱养老保障体系基本框架包括：第零支柱的非缴费型基础年金，第一支柱的与收入挂钩的国民年金和特殊职业年金，第二支柱的强制性退休金制度和第三支柱自愿性个人商业养老保险。

韩国于 1953 年推行退休津贴制度，作为一种补充养老保险制度，由雇主为雇员提供退休收入保障，员工退休后可选择一次性领取一笔退休津贴。该制度最初是自愿参加，1961 年改为强制执行。退休津贴制度是韩国企业年金的前身，但与企业年金有一些区别：退休津贴制度的缴费完全由雇主承担，而企业年金的缴费由雇主和雇员共同承担；退休津贴制度只能一次性领取，而企业年金可以选择一次性领取、分期领取或终身领取；退休津贴制度的领取条件是连续工作超过 10 年（目前为 1 年），与企业年金的领取条件不同。

1994 年，韩国颁布了《雇员退休收入保障法》，建立了作为第二支柱的退休养老金计划。该法律规定了雇主为雇员提供退休收入保障计划的义务和条件，以及不同类型和管理方式的退休收入保障计划。根据该法，韩国退休养老金计划主要有收益确定型（DB）和缴费确定型（DC）两种类型，以及主要的信托管理方式和自行管理方式两种管理方式。《雇员退休收入保障法》颁布后，韩国企业年金得到了快速发展。

韩国为保障私人部门职工养老，防止企业挪用退休金，于 2005 年修订了《雇员退休收入保障法》，要求所有雇用 5 人以上的企业建立退休养老金计划，鼓励企业委托资金管理机构积累退休金，并与基本养老金相衔接，劳资双方可将退休津贴转换为自愿性的企业年金计划。韩国退休年金主要分为待遇确定型

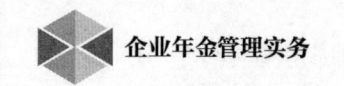

和缴费确定型，年金待遇与其类型紧密相关。这一改革提高了企业年金的覆盖面和缴费确定型年金的发展。2010年起，5人以下企业也必须建立退休养老金计划或个人退休账户。2005年修订的《雇员退休收入保障法》使得韩国企业年金快速扩张。

2012年《雇员退休收益保障法案》修订时，引入了个人退休养老金计划（insured retirement program，IRP），规定已加入企业年金计划的雇员、自雇人士都可以建立IRP进行缴费。此外，10人以下企业的雇主可以为雇员提供IRP以替代企业年金计划。韩国发展IRP年金能够为雇员提供更多补充养老积累选择，有利于扩大养老金投资市场规模，活跃养老金市场。此后，韩国进一步完善企业年金和职业年金的制度设计和监管规范。例如，提升其法律地位、增加缴费率和缴费基数、扩大投资范围和限制、建立信息披露和监督机制、推动国际合作和交流等。

第六节　养老金替代率研究

一、养老金替代率

1. 养老金替代率含义

养老保险政策的评估，一般从两个方面进行，一是养老金的充足性，二是财政的可持续性。第一条准则就是养老金的保障程度，以及防止老年人陷入贫穷。第二条准则是关于资金流动的。对养老金充足率的评估，通常关注替代率，这是一种最常见的养老保险比率。一般意义上，养老金替代率是指退休人员所获得的退休金占其退休前收入的比例。

2. 养老金替代率的合理区间

养老金替代率的评价标准和目标水平，需要根据不同国家和地区的实际情况确定合理的区间，主要可考虑经济发展水平、养老保障制度和人口结构变化等因素。一般来说，经济发达国家的养老金替代率较高，而经济欠发达国家的养老金替代率较低。不同国家的养老金制度有不同的特点和结构，也会影响养老金替代率评价标准的制定。例如，一些国家实行多支柱模式，基本养老保险（第一支柱）的养老金替代率通常较低，但可由其他支柱进行补充；而一些国家实行单支柱模式，基本养老保险（或类似形式）的养老金替代率通常较高。人口结构变化对养老金替代率有重要影响，主要体现在人口老龄化和劳动力供给两个方面。人口老龄化导致退休人口增多，养老金支出增加，从而降低养老金替代率；劳动力供给影响就业人口数量和质量，从而影响工资收入水平和养老金缴费基数，进而影响养老金替代率。

从国外的经验来看，如果替代率在70%以上，可以确保雇员在退休以后的生活水准不降低；如果替代率在60%~70%，雇员仅能在退休后保持基本的生活水准；如果替代率低于50%，那么与退休之前相比，雇员的生活水平将会有很大的降低。鉴于替代率的高低，将直接影响退休人员的生活品质，因此国际劳工组织（International Labour Organization，ILO）制定了《社会保障最低标准公约》，将最低替代率设定为55%。

3. 目标替代率的影响因素

养老金的综合目标替代率水平反映三大支柱提供的养老金收入合计与退休前一年度工资收入的比例。从供给与需求的角度看，该指标受到以下因素的影响：

（1）需求方面，社会养老保障制度的设立是为了保障个人的生活质量不会因为退休而大幅降低。因此，养老金的给付水平必须能保证满足个人退休后衣食住行方面的基本物质需求，以及稍高层次的精神需求。学者们通常以居民当前的消费性支出为依据，从最低生活保障线或者恩格尔系数出发，测算个人退休后的生活需求。

（2）供给方面，养老保险的供给主体包括国家、企业和个人。对国家来说，养老金的给付水平应与国家的经济实力和政策目标相适应，不至于给国家带来严重的财政负担、又能实现社会福利制度的效率和公平；对企业来说，养老金的缴费会提高企业的成本、降低经营利润，因此养老金的目标替代率水平必须能保证企业具有相应的支付能力及合理的利润空间；对个人来说，个人缴费部分会占用在职时的工资收入，若比例过高，则会影响个人在职时的生活水平。因此，综合目标替代率水平的设定必须兼顾国家、企业和个人的支付能力。

二、企业年金替代率

1. 企业年金替代率含义

企业年金替代率是指退休职工从企业年金计划中领取的养老金与退休前工

资之比，反映了退休后的经济水平和补充养老保障的作用。按照国际惯例，基本养老保险、企业年金、个人储蓄性养老保险的目标替代率水平应分别达到40%、30%、10%。我国人力资源和社会保障部将基本养老保险、企业年金和个人商业养老保险的替代率目标分别定为60%、20%和10%。为使职工退休后可以维持较好的生活质量，养老金替代率需要达到70%以上，基于我国现在逐年下降的基本养老金替代率，企业年金未来将要承担三成到四成的养老金替代率，仅次于基本养老金的作用。目前，我国养老金总的替代率仅有50%左右，企业年金的替代率不足10%，与发达国家相比仍存在较大差距。

2. 企业年金替代率合理区间

如果企业年金替代率水平过高，达到40%以上，如美国、英国等发达国家，对于补充养老的定位和作用十分明确，高福利、广覆盖，企业年金替代率水平高，这样会加大企业和个人负担，造成缴纳压力；如果水平过低，又起不到养老保障的作用。因此，企业年金替代率也应该保持在适度的水平，这需要从供给与需求两方面来综合考虑。供给方面，需要考虑企业和个人的缴费能力和利益，确定合理的缴费标准。需求方面，需要考虑职工退休前后的生活水平和养老保障水平，确定合理的给付水平。同时，需要将基本养老保险的替代率也纳入考虑范围，在其提供保障的基础上，确定合适的目标企业年金替代率水平。

3. 企业年金替代率的影响因素

影响企业年金替代率的因素包括多个方面，主要是税收政策、企业年金缴费率、企业年金投资收益率、利率、开始参加企业年金计划的年龄和退休年龄、工资增长率和职工领取企业年金的年限等。

（1）税收政策。税收优惠能降低企业和职工的缴费负担，提高企业年金的吸引力。目前，我国实行 EET 税收模式，即在缴纳和投资环节不征税，在领取环节征税。这一政策对职工有一定的激励作用，但相比国际上其他实行 EET 税收模式的国家，我国企业和职工能够享受的税收优惠比例较低，因此税收政策的激励效果有限。

（2）企业年金缴费率。企业年金缴费率是指企业和职工为个人账户缴纳的费用占工资总额的比例。缴费率越高，个人账户中的资金积累就越多，退休后领取的年金就越高，替代率也就越高。但缴费率过高也会增加企业和职工的负担，影响其参与的意愿。

（3）企业年金投资收益率。2006年下半年起，企业年金开始市场化投资运作，作为基本养老保障体系的一部分，首先要保障企业年金基金的安全性和流动性，然后要选择更加多元化的投资组合方式以达到分散风险和保值增值的目的。投资收益率越高，个人账户中的资金增值就越快，退休后领取的年金就越高，替代率也就越高。但投资收益率也存在风险，如果投资失误导致基金贬值或亏损，会影响职工退休后的生活保障水平。

（4）利率。利率是指货币市场上借贷资金的价格水平。利率变化会影响债券、股票、货币市场等各类资产的价格和供求关系，进而影响企业年金基金的投资组合和投资收益率。因为企业年金基金投资运行具有长期性的特征，且安全性是一项重要的原则。我国企业年金基金投资对固定收益类资产的上限为135%，而对于权益类资产的投资上限设定为40%，流动性资产的下限设定为5%。实际上固定收益类资产的投资在企业年金投资中占比最大，企业年金投资收益率在很大程度上受市场利率变化的影响。

（5）参加企业年金计划的年龄和退休年龄。参加企业年金计划的年龄和退休年龄决定了职工个人账户的积累年限和领取年限。积累年限越长，个人账户中的资金积累就越多，退休后领取的年金就越高，替代率也就越高。领取年限越短，每期领取的年金就越高，替代率也就越高。

（6）工资增长率。企业年金费用的缴纳以职工的工资为基数，同时根据目标替代率的定义，工资收入水平的高低直接影响企业年金替代率的大小。当工资增长率较高时，虽然企业年金账户资金积累增多，但退休前一年的工资水平也相应提升，那么达到相同替代率水平所需的每期领取额就更高。因此，工资增长率对企业年金替代率的影响要综合考虑。

（7）职工领取企业年金年限。若要达到相同的替代率水平，在其他条件不变的情况下，领取年限越长则要求个人账户中的积累额越高。目前，我国的男性、女性平均预期寿命均不断延长，根据《2018中国统计年鉴》中的数据，我国人口平均预期寿命达到76.34岁。平均预期寿命的延长意味着职工退休后需要领取养老金的年限延长，则在缴费期相同积累的情况下，能够达到的替代率水平降低。

第二章
企业年金计划的建立和运行

第一节　企业年金计划建立的条件

一、前期准备工作

预备建立企业年金计划的企业，应当对职工对企业年金的接受和欢迎程度、本企业的经营状况及缴费承受能力等进行充分调研和分析，对建立企业年金进行可行性分析。企业人力资源部门和工会应当对劳动关系双方对企业年金欢迎与否、缴费承受能力、动机和目标进行各种方式的调查，提出建立企业年金计划的动机与目标的可行性报告；人力资源部门、财务部门应当充分研究分析现行政策和法律，分析本企业经营状况和可利用的合法资金来源，提出本企业建立企业年金计划的财务可行性报告。基于各方面调研结果，提出本企业建立企业年金的可行性论证报告。最后，由相关各方组成的专门工作组制定本企业的企业年金方案和相关制度的建议。

二、协商与决定

企业年金计划方案应包括企业年金组织管理模式、参加人员、缴费筹集和分配办法、权益归属、待遇计发和支付等内容，经过企业和职工双方集体协商，达成协议后经上报相应人力资源和社会保障部门备案，通过后生效。企业年金计划的执行情况，每年应经过职工代表大会或股东大会、监事会审查，并向全体参与人公布。企业年金计划的变更，也应当经职工代表大会或者全体职工讨论通过，并重新报送人力资源和社会保障行政部门。

三、成立企业年金理事会

大企业和行业可以成立企业年金理事会，中小企业的人数和规模有限，不足以成立企业年金理事会，可以委托专业机构充当受托人管理企业年金计划。企业年金理事会由企业代表和职工代表共同组成，其中，职工代表不少于三分之一。理事会还可以聘请外部专家参与工作，尤其是在制定投资策略时，非常需要专业指导意见。企业年金理事会中的职工代表和企业以外的专业人员由职工大会、职工代表大会或其他形式民主选举产生。企业代表由企业方聘任。理事任期由企业年金理事会章程规定，但每届任期不得超过3年。理事任期届满，连选可以连任。企业年金理事会理事应当具备下列条件：①具有完全民事行为能力；②诚实守信，无犯罪记录；③具有从事法律、金融、会计、社会保障或者其他履行企业年金理事会理事职责所必需的专业知识；④具有决策能力；⑤无个人所负数额较大的债务到期未清偿情形。

企业年金理事会的主要职责包括：选择、监督、更换账户管理人、托管人、投资管理人及中介服务机构；制定企业年金基金投资策略；管理本企业的企业年金基金事务，进行企业和职工缴费收取、待遇支付等；审议决定企业年金的重大事项；监督企业年金实施情况，定期向委托人、受益人和相关监管部门报告。

四、建立账户

建立企业年金计划的账户需要委托具备资格的账户管理机构开户，一般为银行或养老保险公司。企业年金个人账户是进行养老储蓄及日后待遇领取的"数据存折"，用于对参保人个人信息、缴费状态、积累情况及支付情况进行记录。个人账户是企业年金计划的基础管理工作，它贯穿计划实施和个人参与的全过程。建立和管理个人账户的基本要求是具体、准确、及时、全面、安全。

第二节 企业年金计划方案

企业年金计划方案制定依据是《中华人民共和国劳动法》和《企业年金办法》。企业年金计划方案是企业与职工个人之间的民事协议，是在企业与职工之

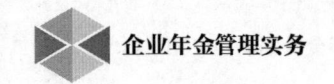

间在劳动雇佣关系的基础上建立福利保障关系的文件，主要规定企业在为职工开立的企业年金账户和企业为个人账户供款方面的义务及职工可以享受与此有关的权利。企业年金计划方案按照其性质来说属于专项集体合同，是集体协商的结果，其内容基本涵盖了企业的人力资源政策、分配政策、劳动保障政策等各项政策。

在企业年金计划中要规定理事会的组成、职责、隶属关系等，或约定法人受托人的选择、指定、监督关系等。企业年金计划方案主要内容包括计划的实施范围、缴费、管理、投资、给付、税收、修改等。

一、企业年金方案的设计

企业年金方案指建立企业年金的用人单位依据国家有关法律法规和政策，通过合法程序制订的本单位企业年金实施计划和运行程序。

1. 企业年金方案设计的一般原理

制订企业年金实施方案应坚持以下原则：一是符合国家法律、政策；二是坚持公平、避免歧视，在劳动关系协商机制基础上运作；三是有效防范风险，充分估计企业年金计划运行中的各种风险，制定相应风险控制规则和措施；四是将企业年金计划与企业发展战略相结合，以提高企业的凝聚力和竞争力；五是与基本社会保险相协调。

2. 企业年金方案的内容

企业年金方案的内容主要包括参加人员、资金筹集与分配的比例和办法、账户管理、权益归属、基金管理、待遇计发和支付方式、方案的变更和终止、组织管理和监督方式、双方约定的其他事项等。企业年金方案适用于企业试用期满的职工。

二、企业年金方案的订立、变更、终止

1. 企业年金方案的订立

企业年金是由企业与职工共同协商建立的，企业及职工应依法参加基本养老保险并履行缴费义务，且企业具有相应的经济负担能力。建立企业年金，企业应当与职工一方通过集体协商确定，并制定企业年金方案。企业年金方案应当提交职工代表大会或者全体职工讨论通过。中央所属企业的企业年金方案报

送人力资源和社会保障部。跨省企业的企业年金方案报送其总部所在地省级人民政府人力资源和社会保障行政部门。省内跨地区企业的企业年金方案报送其总部所在地设区的市级以上人民政府人力资源和社会保障行政部门。人力资源社会保障行政部门自收到企业年金方案文本之日起15日内未提出异议的，企业年金方案即行生效。

2. 企业年金方案的变更

企业年金方案变更是指企业与职工任何一方可以根据本企业情况，按照国家政策规定，经协商一致可以对企业年金方案进行变更。

变更后的企业年金方案应当经职工代表大会或者全体职工讨论通过，并重新报送人力资源社会保障行政部门。

3. 企业年金方案的终止

有下列情形之一的，企业年金方案终止：①企业因依法解散、被依法撤销或者被依法宣告破产等原因，致使企业年金方案无法履行的；②因不可抗力等原因致使企业年金方案无法履行的；③企业年金方案约定的其他终止条件出现的。

企业应当在企业年金方案变更或者终止后10日内报告人力资源社会保障行政部门，并通知受托人。企业应当在企业年金方案终止后，按国家有关规定对企业年金基金进行清算，并按照相关规定处理。

第三节 企业年金计划的运行

一、企业年金的管理机构

建立企业年金计划的企业及其职工作为委托人，与企业年金理事会或者法人受托机构（简称受托人）签订受托管理合同。受托人与企业年金基金账户管理机构（简称账户管理人）、企业年金基金托管机构（简称托管人）和企业年金基金投资管理机构（简称投资管理人）分别签订委托管理合同。受托人应当将受托管理合同和委托管理合同报人力资源和社会保障行政部门备案。

一个企业年金计划应当仅有一个受托人、一个账户管理人和一个托管人，可以根据资产规模大小选择适量的投资管理人。同一企业年金计划中，受托人与托管人、托管人与投资管理人不得为同一人；建立企业年金计划的企业成立企业年金理事会作为受托人的，该企业与托管人不得为同一人；受托人与托管人、托管人与投资管理人、投资管理人与其他投资管理人的总经理和企业年金从业人员，不得相互兼任。同一企业年金计划中，法人受托机构具备账户管理或者投资管理业务资格的，可以兼任账户管理人或者投资管理人。

1. 受托人

受托人指受托管理本单位企业年金基金的、符合国家规定的法人受托机构或企业年金理事会。

法人受托机构应当具备下列条件：①经国家金融监管部门批准，在中国境内注册；②具有完善的法人治理结构；③取得企业年金基金从业资格的专职人员达到规定人数；④具有符合要求的营业场所、安全防范设施和与企业年金基金受托管理业务有关的其他设施；⑤具有完善的内部稽核监控制度和风险控制制度；⑥近3年没有重大违法违规行为；⑦国家规定的其他条件。

2. 账户管理人

账户管理人指接受受托人委托管理企业年金基金账户的专业机构。

账户管理人应当具备下列条件：①经国家有关部门批准，在中国境内注册的独立法人；②具有完善的法人治理结构；③取得企业年金基金从业资格的专职人员达到规定人数；④具有相应的企业年金基金账户管理信息系统；⑤具有符合要求的营业场所、安全防范设施和与企业年金基金账户管理业务有关的其他设施；⑥具有完善的内部稽核监控制度和风险控制制度；⑦国家规定的其他条件。

3. 托管人

托管人指接受受托人委托保管企业年金基金财产的商业银行。

托管人应当具备下列条件：①经国家金融监管部门批准，在中国境内注册的独立法人；②具有完善的法人治理结构；③设有专门的资产托管部门；④取得企业年金基金从业资格的专职人员达到规定人数；⑤具有保管企业年金基金财产的条件；⑥具有安全高效的清算、交割系统；⑦具有符合要求的营业场所、安全防范设施和与企业年金基金托管业务有关的其他设施；⑧具有完善的内部稽核监控制度和风险控制制度；⑨近3年没有重大违法违规行为；⑩国家规定的其他条件。

4. 投资管理人

投资管理人指接受受托人委托投资管理企业年金基金财产的专业机构。

投资管理人应当具备下列条件：①经国家金融监管部门批准，在中国境内注册，具有受托投资管理、基金管理或者资产管理资格的独立法人；②具有完善的法人治理结构；③取得企业年金基金从业资格的专职人员达到规定人数；④具有符合要求的营业场所、安全防范设施和与企业年金基金投资管理业务有关的其他设施；⑤具有完善的内部稽核监控制度和风险控制制度；⑥近 3 年，没有重大违法、违规行为；⑦国家规定的其他条件。

二、企业年金计划的运行

1. 选择托管银行

企业年金要进入市场进行运作必须选择托管银行。托管银行的职责是资产保管、基金清理核算和交易监督。根据商业银行法的规定，银行主要从事贷款业务和中间业务，不能做投资管理人，可以担任托管人、账户管理人或受托人。商业银行作为金融机构的主导，综合实力位列几类机构之首，无论担任托管人还是账户管理人，都具有较强的优势。

2. 选择受托人

企业可以选择成立企业年金理事会或通过委托法人受托机构进行企业年金管理。通常来说，行业或大型企业，由于其企业年金参保人数多、基金规模大，可通过成立企业年金理事会、配备专职企业年金管理人员、聘请外部专业人员等手段，实现对企业年金的高效管理。而中小型企业由于参保人数和基金规模有限，通常更多地采用委托法人受托机构进行管理的模式，须在具有相应资质和具有良好信誉的机构中选择受托人。目前，我国可以选择的受托机构有 12 家，包括具有相应资质的银行、保险公司、信托公司。

3. 制订投资方案

投资方案的制订可以通过受托人进行投资方案的选择，企业年金投资方案需要考虑许多方面的风险，主要有两大方面，即投资本身风险和投资意外风险。

投资本身风险即只要参与投资就会有风险，这种风险虽然不能完全避免，但是可控的。在法律框架下，确定一个更细的投资范围，承受能力强可以激进一点，反之可以保守一点。

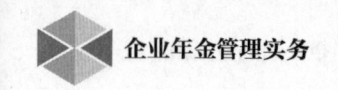

投资意外风险指由于管理人不尽职所造成的损失，这种风险难以避免，而且不可控，但发生概率较小。这种风险往往是由于管理人违规操作，或者监督不力造成的，要减少该类风险的发生，可以通过定期让管理人对账，定期或不定期让管理人提交报告，严格执行问责制度。

4. 选择投资经理

投资经理即企业年金投资方案的执行者，投资经理的选择十分重要，在一定程度上影响着企业年金的收益程度。

（1）考察投资经理的背景和经验。投资者可以通过查阅投资经理的简历来了解其背景和经验，重点关注其在投资领域的工作年限、管理的基金规模和业绩表现等。一位拥有丰富经验和良好业绩的基金经理，通常更有能力应对市场波动，并取得良好的回报。

（2）分析投资经理的投资策略。不同的投资经理有不同的投资风格和理念。通过研究投资经理的投资策略，投资者可以判断其是否与自己的投资目标和风险承受能力相符合。例如，一些投资经理倾向于价值投资，注重寻找低估股票，而另一些投资经理更喜欢成长投资，追逐高增长的公司。一般应选择与自己投资理念相符的投资经理。

第四节 企业年金管理模式

一、理事会模式

理事会受托模式指举办企业年金计划的企业和参加该年金计划的员工将企业年金基金的管理权和相关事务委托给企业内部年金理事会，由其行使处置和管理企业年金基金的相关职责。

理事会模式的优势与劣势包括以下内容：

（1）利益高度一致，降低委托代理风险。由于理事会是企业内设机构，因此在此受托模式下，受托人和委托人的利益是高度一致的，从而很大程度上减轻了受托人与委托人之间的信息不对称的状况，降低了委托代理风险。职工对于企业自己运作管理更为放心，特别是在企业的经营管理层加入同样计划的情况下。此外，职工代表作为理事会成员能相对便捷地反映各方面的情况和意见。

（2）服务一对一，更好地适应企业经营变化。理事会只管理自己企业的年金，且对企业情况更加熟悉和了解，能够有针对性地分析企业经营情况和年金运营目标及需求，因此决策更方便，且能更好地契合企业的理念。企业内部市场机制的激励作用减弱，资源配置主要由企业管理者的权威命令和领导指挥实现，所谓依靠"权威的协调"，只要企业内部信息传递的成本，以及管理和监督的成本低于外部市场中的交易成本，理事会受托模式就是经济的、有效率的。而这依赖于声誉机制、监督机制等治理机制的保障。

（3）成本优势明显，提高制度运行效率。企业年金的理事会受托管理很多情况下是在既有的人力资源管理部门薪酬福利板块中增加企业年金受托管理职能，相比于委托外部法人受托机构，可以节约大量费用。理事会不乏取得比法人受托模式更高的收益水平，企业年金理事会的办事机构作为企业的内设部门，方便与企业各部门的沟通联系，熟悉职工的薪酬福利水平，对管理投资决策容易形成共识，能够节约谈判和协调的成本。

但理事会模式也面临不少问题与挑战。首先，理事会存在履行职责能力的问题。对于大型中央企业来说，其规模较大，单靠一个特定自然人组成的企业年金理事会来处理所有相关事务，职责难以被很好地履行。其次，缺乏专业化的管理能力。虽然理事们了解企业经营情况、熟悉行政管理工作、精通财务和人力资源等管理，但在深度关注资本市场和熟知年金投资产品风险收益特征的方面并不具备优势。由于缺乏研究投资策略的深度专业市场信息，难以根据市场变化制定和调整投资策略，缺乏监督投资管理人的专业能力，对年金基金的投资管理带来一定影响。再次，部分理事对理事会职能定位没有清晰的认识和把握，工作实践中，在监督管理中时而存在"越位""错位""缺位"现象，没有达到有效的管理和监督。虽然大部分理事会已经建立了企业年金管理一系列办法和制度，但在实施过程中，由于缺乏专业的管理团队及专业的系统支持，这些制度的有效性和适用性还有待进一步论证。最后，理事会模式下，通常缺乏专业的受托运营系统支持。开发专门的受托系统不仅投入大，而且开发周期长，几乎没有企业专门搭建过专业化的理事会受托系统。但离开系统支持或仅仅依靠简单的单机系统进行日常业务操作和管理，不仅效率低，而且容易引发差错，产生运营风险。

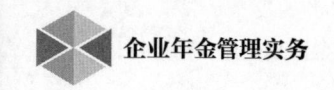

二、法人受托模式

法人受托模式是指以符合国家规定的法人受托机构作为企业年金计划的受托人，由其行使处置和管理企业年金基金的相关职责。

法人受托模式的优势和劣势包括以下内容：

（1）管理规范化、投资运作专业化。法人受托机构必须符合注册资本及净资产的要求，有完善的法人治理结构、健全的风险管控制度等。且法人受托机构作为专业金融机构，拥有具备相应金融知识背景的专业化人员，在投资市场研判、深度分析资本市场、指定相应投资策略等方面具有很大的优势，从而为委托人提供规范、专业、高效的受托服务。法人受托机构具备企业年金运行管理所需的受托人信息系统，以数字化、系统化的手段进行企业年金的缴费、信息变更、资金汇总、投资交易等日常运作事务，提升了年金管理业务的效率和准确率。

（2）法律责任承担能力强。《企业年金基金办法》（人力资源和社会保障部令第11号）规定了法人受托机构的注册资本和净资产要求，法人受托机构在自身或其代理人发生违法、违规、违反合同规定等导致基金财产损失时，能够完整地进行损失赔偿。而理事会为自然人集合，其承担法律责任的能力有限。因此，法人受托机构具有更强的法律责任承担能力。

（3）法人受托机构独立性强。法人受托机构是独立于企业的外部法人实体，不存在委托人和受托人重叠的问题，企业年金基金管理受企业内部不合理干预的可能性非常小、独立性较强，更利于受托人从专业角度进行投资策略制定。

法人受托模式下，由于受托人是独立于企业之外的独立机构，可能存在无法准确了解企业经营情况、年金计划目标和策略的情况，产生受托人与委托人之间的信息不对称。参加企业年金计划的职工可能对外部机构存在不完全信任的情况。此外，委托法人受托机构进行企业年金计划管理，会产生相应的管理费，因此给企业带来相应的运营成本。

第三章
企业年金资金筹集与缴费

第一节　企业年金基本筹资模式

一、企业年金资金筹集模式

根据资金筹集方式划分，全世界各国企业年金的资金筹集方式主要有三种：现收现付制、完全型基金积累制、部分型基金积累制。

1. 现收现付制

现收现付制是指用在职职工的所缴养老金支付当年退休职工的养老待遇，当年提取、当年支付，即当期缴费收入等于当期发放支出。

现收现付制由在职职工为上一代人支付养老金，自己的养老金则由下一代人支付，当年需要多少养老金就征收多少，不会受经济波动的影响而使退休金遭受损失的情况。一般情况下，根据统一的退休条件决定退休待遇，人人平等，实现不同代人之间的收入再分配，也不存在基金的营运和保值、增值问题。

现收现付制也存在着许多弊端。现收现付制要求人口结构稳定，而受出生率不断下降、人口老龄化等问题影响，资金筹集会存在风险。因养老金具有待遇支出刚性，在经济景气时，可以提高退休待遇；在经济不景气时，却不能降低退休待遇，这将导致财政支出不断上升，会出现缴费比例过高、资金筹集困难等问题。在引入该制度时，已退休的工人并未缴纳任何养老金即可享受退休待遇；在扩张现收现付制时，即将退休的工人付出少而收益多，并且因现收现付制下增加的收益的现值要小于所付额外税的现值，所以提高了边际税率，工资税可能会减少劳动供给，使得工资缴款不足以满足支付需要，导致退休金支付困难，或者不得不提高现收现付制所需的税率。

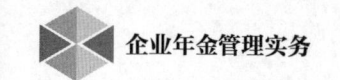

2. 完全型基金积累制

完全型基金积累制是指由企业单独或企业和个人共同向企业年金计划缴费构成的基金积累，企业和个人缴费全部进入个人账户作为退休待遇支付储备，账户基金可以进行投资。

完全型基金积累制是为解决现收现付制的弊病而发展起来的一种筹资模式。这是一种强制储蓄，职工在职时，按一定规则缴纳养老金，实现完全积累，职工退休后，根据过去的积累数额按月支付。支付水平与本人在职时的工资和缴费直接相关，提高个人缴费的积极性，实现职工的自我保障，可以很好地避免代际冲突。同时，可以较好地解决人口老龄化问题，为经济建设提供大量资金，有利于资本市场的发育和经济发展。

完全型基金积累制无法实现转移支付和收入的再分配，要求货币价值稳定、物价稳定、经济发展稳定，需要良好的市场发育和较高的基金管理水平，否则基金保值、增值的风险较大，收益非常不确定。

3. 部分型基金积累制

部分型基金积累制是结合了以上两种制度的一种方式，退休职工的养老金一部分来自现收现付制的资金，另一部分来自完全型基金积累、资金筹资。

对比其他两种方式，首先，部分型基金积累制既能实现现收现付制养老金的代际转移、收入再分配功能，又能够达到完全型基金积累制促进缴费、提高工作效率的目的。其次，既能减轻现收现付制待遇支出的刚性，又能避免完全型基金积累制个人年金收入过度不均的情况，并保证退休人员的基本生活。再次，既能延续完全型基金积累制积累资本、应对人口老龄化危机的制度优势，又能够化解完全型基金积累制造成的企业缴费负担过重与基金保值增值的压力。最后，投资基金制的风险来自市场的收益率不确定，投资基金制需要的税较少，因而效率损失较少。

部分型基金积累制是建立在现收现付制和完全型基金积累制的基础之上，因此在转型过程中会存在种种问题。假如由完全型基金积累制转变为部分型基金积累制，则可能存在有的个人账户存在"空账"情况和社会统筹基金不足，养老保险基金绝大部分用于当年养老金发放，实际积累额小于职工账户记账额，导致实际上整个养老保障体系仍然是现收现付制，养老待遇每年支出金额将远远超过收入，长期积累下去，则会形成一个大缺口，此模式难以为继。

二、企业年金待遇给付模式的类型

企业年金的筹资模式与给付模式息息相关。企业年金的基本给付模式有两种，一种是收益确定型（DB），另一种是缴费确定型（DC）。

1. 收益确定型（DB）

收益确定型（DB）企业年金计划待遇给付计划是指根据职工工作年限和社会平均工资或退休前的最后工资来设定的待遇。其缴费机制既可以采用基金积累制也可以采用现收现付制。

收益确定型企业年金计划的缴费基本上全部由企业承担，在基金投资回报率较高、支付盈余的时期可不必向基金缴费，从而减轻企业的负担。但是，不管基金投资收益如何，企业都必须按固定的比例支付养老金，因此投资风险也全部由企业承担。

2. 缴费确定型（DC）

缴费确定型（DC）企业年金计划待遇给付计划是指按照工资收入一定比例的缴费所形成的养老基金收益来设定的待遇。其缴费机制只能采用基金积累制。

缴费确定型企业年金计划的缴费由企业和职工共同承担，职工的养老待遇取决于职工账户的积累额，因此职工将承担一定的通货膨胀和金融投资风险。

3. 收益确定型（DB）和缴费确定型（DC）的对比

收益确定型（DB）与缴费确定型（DC）企业年金的比较如表3-1所示。

表3-1　收益确定型（DB）与缴费确定型（DC）企业年金的比较

比较项	收益确定型（DB）	缴费确定型（DC）
缴费	主要由企业承担	职工承担部分
给付设计	与工龄相关	缴费额与工龄无关
给付形式	原则为终身年金	终身年金、有期年金、一次性年金
资产运营	受托人决定	职工决定
运营风险	企业承担	职工承担
运营资产管理	年金计划综合管理	按照职工的个人账户进行管理
运营资产归属	归企业所有	归职工所有
年金精算检测	有必要	没有必要
支付保障	保险终了后，保障保险金支付	保险终了后，不保障保险金支付
管理费用	较高	较低
委托费用	没有	有且较高

续表

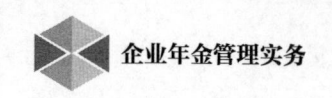

比较项	收益确定型（DB）	缴费确定型（DC）
年金增长额	有可能	不可能
工资变动	对过去及将来的给付有影响	只对将来的给付有影响
收入再分配	可使收入横向分配	没有收入再分配的功能
与劳动市场的关系	保持非中立	保持中立

由表 3-1 中 DB 与 DC 两种类型企业年金的比较可以看出，收益确定型企业年金计划对于职工来说，具有较强的抗风险能力，可提供较稳定的养老金待遇给付。对于企业来说，税收优惠政策可使养老基金中的企业缴纳部分在税前列支，有些国家给予企业支配养老基金很大的自主权，执行收益确定型企业年金计划能使企业享受更多优惠。不过，随着该类计划日益成熟，收益确定型企业年金计划在各国都呈现出各种各样的问题。缴费确定型企业年金计划适应人口结构及经济政策变化，在越来越多的国家中发展起来。

表 3-2　　　　　　　分国家企业年金计划待遇给付模式类型

国家	企业年金计划待遇给付模式
美国	以 DB 计划为主（以最后工资为基础），以 DC 计划为辅（比例呈上升趋势）
英国	以 DB 计划为主（以服务年限和最后工资为基础）
加拿大	以 DB 计划为主（以最后工资或统一额度待遇为基础）
荷兰	几乎全部是 DB 计划（以退休前最后工资为基础，集体谈判，半强制性）
瑞典	DB 计划（以最佳收入年度为基础）
德国	以 DB 计划为主（大部分 DB 计划提供，以服务年限为基础的统一比例待遇，少数 DC 计划的待遇给付，以在职期间平均收入或最后基本工资为基础）
日本	以 DB 计划为主（以服务年限、工资期间平均收入和最后基本工资为基础）
法国	全部是 DB 计划且实行现收现付制
意大利	以 DB 计划为主
丹麦	以 DC 计划为主（集体谈判，半强制性）
瑞士	以 DC 计划为主（国家强制执行）
澳大利亚	以 DC 计划为主（国家强制执行）
捷克	以 DC 计划为主，但也不反对 DB 计划
匈牙利	以 DC 计划为主，但也不反对 DB 计划
俄罗斯	以 DC 计划为主，但也不反对 DB 计划

从表 3-2 可以看出，美国、英国、加拿大、荷兰、法国等以 DB 型计划为主，丹麦、瑞士、澳大利亚等以 DC 型计划为主，有研究表明，采用 DC 型计划的国家逐渐增加。对于政府来说，缴费确定型企业年金计划监管较简单，成本较低，

因此在发展中国家有关立法和执法有待提高的情况下，缴费确定型企业年金计划更具有吸引力；在人口老龄化愈加严重的国家，缴费确定型企业年金计划是减轻财政负担的手段之一。对于企业来说，缴费确定型企业年金计划降低了企业所承担的风险和管理成本。对于职工来说，在工作变动时，可以携带个人账户累计额，更有利于维护自身养老待遇权益；由于缴费确定型企业年金计划设立个人账户，很多国家规定，在职工遇到特殊重大困难时，可以从其个人账户中提前支取部分企业年金。

第二节　世界部分国家企业年金筹资模式对我国的借鉴

一、美国企业年金筹资模式

1. 美国企业年金的主要筹资模式类型

美国企业年金筹资模式主要有两种运行模式——收益确定型（DB）和缴费确定型（DC）。在收益确定型模式中，企业必须要每月或者每年向信托基金进行供款，由信托基金进行统一运作，并且还要向养老金收入担保公司支付保费，用来确保企业即使在破产或财务困难的情况下也可以每月向退休雇员支付固定养老金。但由于人口年龄结构的变化，企业的养老金负担越来越重，为了减轻企业的这一负担，美国政府通过了一系列法案，明确了财政、企业和员工的财务职责，DB型逐步过渡至DC型。DC型企业年金的筹资模式的缴费率是明确的，企业承担大部分缴费，员工根据自身需要进行追加，但缴费比例不得超过员工工资的1/4，缴费资金会存入投资机构，雇员可根据自己的风险偏好选择不同的投资组合，并且个人账户的基金积累值在员工退休时进行领取。DC型模式不仅降低企业养老金方案的成本，同时员工的退休金也更加安全。1992年，美国参加DC型计划的人数首次超过了DB型计划人数，随后转型速度继续加快，截至2011年，DC型计划的参与人数已是DB型计划的参与人数的2倍。

2. 美国企业年金由DB型转DC型的主要原因

（1）国家政策的支持。美国1974年颁布的《职员退休收入保障法》，使得企业雇员与年金有关的权益保障得到提高。同时，为减轻企业负担，并且更好地适应现代经济发展对劳动力流动性日益增长的需求，美国政府提出了401（k）

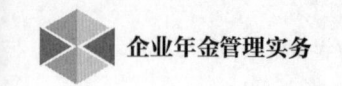

计划，该计划条款主要是适用于民营企业，社会保障由雇主和雇员共同承担，管理成本平均，并且其税收优惠政策促使企业向DC型年金计划转变。

（2）更利于保障员工权益。第一，DC型运行模式本身更易于理解。DB模式，雇员必须要对未来所获取的固定养老金的计算方式有一定了解，这与其平均寿命、利率与薪金有关。而DC型模式，雇员只需了解资产的价值，并且能够自主选择资产的投资组合，这对资产有较大的把控性。第二，近几年，受产业结构调整的影响，美国劳动力市场的流动性越来越大，在雇员工作单位调动时，其年金账户也可以随之转移，更好地保全了员工的权益。第三，雇员的企业年金缴费有税收优惠，可在税前列支，具有延期纳税的特点。第四，DB型模式对退休前年金支付有较严格的限制，而DC型模式可在子女教育费、住宅购买时自由支付，增加了资金的灵活性。

（3）降低了企业的管理成本。DC型模式下，企业需要全额支付保险供款，并且还需要向养老金收入担保公司支付保费，企业负担重。DB型模式下雇主与雇员风险责任明确，大大减轻了企业的管理成本，并且个人年金账户的风险也由员工承担。而且DC型年金计划也成了企业留住人才的重要方式，通过企业年金激励员工为公司创造更多的效益。

虽然私营企业大多数员工都选择了DC型企业年金，但与之截然不同的是公共部门，由于其流动性较弱，其养老金计划转型并没有私营企业那么迅速，甚至DB型计划的参与人数多于DC型。

3. 美国的401（k）计划

美国的401（k）计划就是最具代表性的DC型企业年金。401（k）计划主要是适用于私营企业雇员。企业的雇主是计划发起人，只要企业有5位以上雇员，就可以建立起401（k）计划。为每一位雇员建立个人账户，由雇主对雇员进行一定比例的缴费，雇员也以税前工资的一部分扣减下来共同计入企业年金个人账户中，金额是由雇员自己确定，但不可超过法规规定的比例，即年度个人缴费额是有上限的。雇员有权决定自己年金个人账户资产的投资方式，风险与责任也由雇员来承担，雇员根据自身风险偏好选择合适的投资方式，既可以购买高风险、高收益产品，也可购买低风险、低收益保值产品。401（k）计划给雇员提供了一个参与企业年金资产运营的机会。

401（k）计划主要有以下特点：

（1）401（k）计划在与众多年金计划相比中是较为简单易行的。个人缴纳的年金款项是从个人收入中进行税前扣减的，即这部分年金收入是不需要缴纳个人所得税的，但免税的年度缴费额是不能超过年收入的 25%，其他收入照常缴税。由于基金中的投资收益在运行过程中是不需要缴税的，在领取时才需缴费，所以企业年金个人账户里的资金会迅速增加。

（2）和传统企业年金不同，雇员可以直接管理企业年金个人账户，雇主可为雇员提供多种资金投资方式，个人能够自行选择投资的组合方式，但同时要承担个人账户资金投资的全部风险。

（3）该企业年金账户具有"便携性"。如果雇员选择更换单位，可以有多种方式处理自己的企业年金账户，如若新单位持有企业年金计划，可以将企业年金账户转入新单位，或者是将账户累计余额转入个人退休金计划，或者是提前提取全部账户余额。但需要关注的是，如果在法定退休年龄之前提取个人账户资金的需要支付一定比例的罚款。

（4）在 401（K）计划中，个人账户投资是不会受到"最低投资起点"的限制。在美国，通常个人投资金融服务商会会强制要求最低投资额，一般为 1000 美元，但企业年金账户投资不受该项规定限制，允许在投资初期只投入少量资金。并且为降低雇员的投资风险，雇主和政府必须要定期对雇员进行投资培训，提供专业的理财咨询，保障员工退休金资产的安全增值。

（5）雇员的企业年金账户具有资产担保作用，若需要资金时，可从个人账户中贷款，这种方式是无须缴纳税款和罚金的，并且可以通过每月扣减工资收入的方式去自动偿还贷款利息。

（6）设立专门机构对 401（K）计划进行监管。美国实行的监管模式为审慎人的监管规则，主要依靠审计师、精算师等中介组织对基金的投资运作进行监督。

401（K）计划由于其在投资运作、税收、管理等方面具有独特的优势和特点，自其出现后发展非常迅速，日益成为美国养老计划组成的重要部分，并且为日本等众多国家纷纷效仿学习。

二、日本企业年金筹资模式

日本的三支柱养老保障体系包括公共养老金、个人储蓄养老金、企业年金，

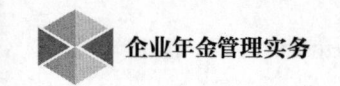

在人口老龄化日益严重的今天，企业年金为减轻国家财政压力，缓解公共年金制度的负担作出了极大的贡献。

在日本企业年金制度萌芽阶段，对企业年金制度的设计仅参考了公务员退休养老金补偿计划，在职工退休时发放一次性养老金，这个时期的企业年金的特点为：一是企业年金费用均由企业来承担，并且企业年金未投入资本市场进行流通，仅存放在银行账户；二是企业年金计划均由企业一方制订，职工不参与管理，年金制度不规范，计划的制订和管理较为随机，缺乏政府的监管。

在经历第二次世界大战后的日本，于20世纪50年代经济开始逐渐复苏，经济的复兴使得国民收入普遍得到提高，退休金总额也大幅增加，在这样的背景下，日本借鉴当时西方国家的做法，从原来的发放一次性养老金转变为每月固定发放养老金。这个时期的企业年金的筹资模式采用DB型，该种模式下企业年金的费用均由雇主负担，为了确保员工能够和企业长期合作，所以限定只能在退休时领取养老金。员工可以提前知道自己的待遇，并且企业即使在亏损的情况下也必须支付养老金，这个时期的企业年金已经开始流入资本市场，并且为保证企业年金在兑现时必须要满足保值的要求，所以政府对企业年金运营过程进行严格监管。

在20世纪末，日本受到泡沫经济的影响，大量企业破产，大批人员下岗，DB型企业年金已存在严重支付不足的问题，无法保障员工的权益，再加上人口老龄化问题日益严重，原有企业年金制度已无法适应社会的发展。2001年，日本政府再次改革了企业年金制度，推出了日本的401（K）计划，该计划与DB型模式的不同在于：该模式是缴费金额预先确定，员工在未来退休时获得的收入具有不确定性，这与职工的支付年限、企业年金账户积累和资金回报率是有关的，并且DC型设立了企业年金个人账户，为流动性强的劳动者提供了极大便利，同时增加了员工自主选择企业年金基金投资组合的权力，当然也相应承担了资本的运营风险，极大地降低了企业的年金负担。

三、英国企业年金筹资模式

英国的养老保障体系由国家基本养老及企业年金计划相关联的补充收入（SERPS）、职业养老金、个人养老金三部分组成。国家基本养老金和SERPS都要求雇主和雇员缴费,并且是强制缴费的,失业者可以根据自身需要自愿加入。所缴款项均进入国家养老保险基金,由政府统一管理。职业养老金分为 DB 计划和 DC 计划,DB 计划是完全由雇主供款,DC 计划由雇主和雇员共同供款,但也主要是雇主缴款,雇员缴费不可超过收入的 15%,缴款部分均有税收优惠,供款时免征收入税,但领取时需缴税。职业养老金与雇主资产相分离,交付信托等机构进行管理。个人养老金随雇员入职或离职而转移,缴款金额由雇员决定,雇主也可以为雇员缴款,通常个人养老金是交付给保险公司进行管理。

在英国,大多数企业的年金管理模式都是收益确定型模式,雇员在退休后取得的企业年金是基于他们的工龄与平均工资计算出来的。1986 年英国政府通过了《社会保障法》,允许雇主的年金管理采用缴费确定型模式,雇主可以用现金购买的方式,将缴费金额和来自国家收入关联退休基金中的回扣金额用于投资,在雇员退休时,根据雇员企业年金账户的投资情况和退休时的银行利率来计算养老金。现金购买方式下,雇主无须担心支付不起最低退休金,因为雇员的退休金待遇取决于年金账户的投资收益,相当于将风险转移至雇员身上。

四、澳大利亚超级年金筹资模式

目前,澳大利亚养老体系的三大支柱为联邦政府提供的养老金、强制性的超级年金、自愿性的职业养老金。在 20 世纪 80 年代,澳大利亚存在的政府养老金仅满足雇员在退休后最基本的生活需求,保障程度低,随着人口老龄化严重,政府的财政压力也越来越大,难以承担养老金支出。自愿性的职业养老金也仅作为雇主为留住优秀雇员的一种手段,所以覆盖面非常窄。后工会运动开展支持建立超级年金计划,其认为超级年金是解决雇员退休后问题的核心手段,在工会和政府的协定下,澳大利亚推出了生产率奖励超级年金计划。超级年金制度的核心为雇主对工人劳动的补偿应增加 6%,这与通货膨胀率一致;增加的 6%分为两部分调整,其中 3%的增幅是进入雇员的年金个人账户。超级年金的特点为完全由雇主供款,它的覆盖面积广,只要建立行业基金的企业可全员享受,雇主供款是免税的,基金收入和收益按特许税率征税。政府实施超级年金主要基于两点:一是国家经济正处于快速增长时期,增加雇员给付可以扩大总

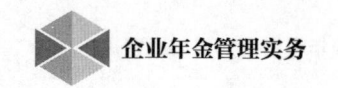

需求，有助于延长经济繁荣周期；二是超级年金计划的出现可以平息当时的工人运动。虽然超级年金在当时较为成功，但实践证明，并不是每一位有资格的工人都能享受到生产率奖励超级年金计划，因为对生产率的奖励，一般是存在于一个行业基金中，如果有些工会没有成立行业基金，雇主可能会逃避责任，认为没有义务为雇员供款。

五、四个国家的企业年金筹资模式评价及其对我国的启示

1. 关于企业年金的设立资格

虽然近年来不断出台关于年金计划规范管理和监管的政策，但其实我国企业年金的普及率并不高，特别是在私营企业内部。在美国的401（k）计划中规定，只要有5位以上员工参与，企业就可以建立年金计划。这种方式非常灵活简便，大大提高了企业年金的覆盖面。所以，若国家在企业年金计划管理方面适当地放宽限制，合理简化企业年金在设立、运作、监管方面的程序，出台配套优惠政策，将一定程度降低企业年金的管理成本，从而鼓励各类性质企业建立年金计划，使职工的退休权益得到进一步保障。

2. 关于企业年金计划运行模式的选择

从以上四个国家的企业年金都可看出，企业年金运行模式的趋势都是从DB型向DC型转变。缴费确定型能够成为主流，主要原因在于：一是DC型能够建立个人账户，由公司与个人共同缴费，一方面，公司可以这种方式留住优秀人才；另一方面，个人账户积累资金可视化，非常受年轻职工欢迎；二是现在年轻人的理财知识较为丰富，愿意拥有年金资产的投资支配权，根据自身的风险偏好选择适合的投资产品；三是个人账户具有可携带性，由于现在劳动力流动性大，员工更换工作的可能性很大，个人账户是独立的，由第三方运营，所以职工在更换单位时可将年金转入新单位，对个人缴费无影响。

3. 制定年金相关的税收优惠政策

从以上四个国家的企业年金发展历程中可以看出来，税收政策的优惠对企业年金的发展和普及是至关重要的。政府通过税收优惠给企业让利，可以激励企业建立职工年金计划，提高整个社会的年金覆盖率。在现阶段，国家对于企业年金的优惠政策为：企业年金税前扣除标准为不超过当年年度工资总额的5%，超过部分需要计入企业所得税中。这一比例与美国、澳大利亚等国家相比优惠比

例较低，对企业的激励性不大，所以我国应增加企业年金税前扣除标准比例。

第三节　我国企业年金筹资模式

我国企业年金的诞生要溯源到20世纪80年代末90年代初，截至目前，前后经历了企业补充养老保险阶段、企业年金试点阶段和企业年金阶段三个阶段，其划分以2000年颁布《关于完善城镇社会保障体系的试点方案》（国发〔2000〕42号）和2004年颁布《企业年金试行办法》（劳动保障部令第20号）为标志。企业年金投资有明确规范是从2004年劳动和社会保障部（简称劳动保障部）颁发《企业年金试行办法》（劳动保障部令第20号）、《企业年金基金管理试行办法》（劳动保障部令第23号）之后开始的。其间，企业年金的筹资模式也经历了一系列变化。

一、企业年金资金筹集标准

企业年金基金由三个部分组成，分别为企业缴费、职工个人缴费和企业年金基金投资运营收益。其中，企业缴费每年不超过本企业职工工资总额的8%，职工个人缴费由企业从职工个人工资中代扣代缴，企业和职工个人缴费合计不超过本企业职工工资总额的12%，具体所需费用由企业和职工协商确定。职工个人缴费由企业从职工个人工资中代扣代缴。

建立企业年金计划后，企业若遇到重组并购或经营亏损等导致当期无法继续缴费的情况，经与职工一方协商后可以中止缴费。当无法继续缴费的情况消失后，企业和职工恢复缴费，同时可以根据企业实际情况，按照中止缴费时的企业年金方案予以补缴，但补缴的金额、年限不得超过实际中止缴费的金额、年限。

二、企业年金计划缴费形式

企业年金的性质决定它的弹性特征，并可以较多地反映企业和职工的需求及企业文化，具体讲，就是要体现企业效益最大化所需要的工资收入分配形式与人事管理制度。在设计企业年金实施方案时，可以将职工的职务、职称、工龄和工作岗位等因素进行综合考虑。由于行业或国有企业职工的特殊情况，采

取这些方法更有利于企业年金制度实施的公平性。目前,我国企业年金的缴费形式主要有以下6种:

(1) 企业效益与职工工龄确定法。将企业年金与个人储蓄性保险进行挂钩,企业按个人储蓄性保险金额的一定比例缴费,个人储蓄性保险由职工个人自愿参加,自主确定投保数额,参保职工个人投保额可以在企业缴费标准限额以上。这种做法既坚持了自愿原则,又增强了职工个人的保障意识。企业按月为职工缴费,缴费标准依据企业效益基数和职工工龄确定。

(2) 企业为职工单方缴费法。例如,将企业年金由工龄性补充金和岗位性补充金两部分构成。工龄性补充年金按其工龄的长短,分为若干档;根据职工在本企业连续工作年限、工作表现、贡献大小,确定其应享受企业年金的数额。

(3) 工资基值法。从职工职务、企业工龄、岗位、突出贡献奖励、照顾老龄补偿等因素方面,设计企业年金的分配标准。企业年金月储存额=企业缴存+个人缴费。其中,企业缴存=[企业缴存基值×个人综合系数]+老龄补偿金。如果考虑近期退休人员的企业年金补偿问题,还可根据距离退休年龄的年限按年进行补偿。企业缴费基值按照企业当年核定的缴费水平确定。

(4) 补充基值法。企业为职工按月记入个人账户的缴费,是以当年月企业年金的人均基本值为基数,再按工龄长短、贡献大小、表现好坏和岗位类别所规定的系数加以调整计算的。其计算公式为:职工月企业年金=行业当年月补充年金基值×个人保险系数×工龄系数,其中"行业当年月补充年金基值"按当年各行业企业缴纳的企业年金总额加以确定,"个人保险系数"依据企业统一规定的岗位工资等级加以确定。

(5) 工资比例法。为职工按月记入个人账户的企业年金,是按职工本人一定时期实得工资总额的一定比例计算的,或在工资比例法的基础上再以系数进行调节。职工月企业年金按职工本人指数化月平均工资和个人缴纳养老保险费的年限计算。职工缴费每满一年,增加指数化月平均工资作为企业年金缴费记入个人账户。

(6) 绝对额分配法。按本企业工龄长短确定缴费额:企业将每年用于企业年金的数额按一定标准,划分若干档次,每个档次对应一定的缴费额,职工按对应档次享受企业年金。按贡献大小划档次:企业按工资总额的一定比例为职工建立企业年金,存入职工个人账户。补充加奖励法:在为职工缴纳企业年金的基础上，为有突出贡献的职工增加一次性奖励并记入职工企业年金个人账户。如为杰出贡献人员（获各种优秀称号）增加奖励。

确定企业年金的缴费水平和方法时应注意两个问题：一是在选择补充方法时，一定要与本企业的实际情况相符，究竟选择哪一种缴费方法一定要广泛听取企业各方面的意见，与企业内部分配特点相适应；二是在具体的补充或奖励水平上要注意种类之间的差别，不能过分悬殊。

第四章
企业年金日常管理

第一节 企业年金日常管理流程

一、企业年金缴费

企业年金由企业和职工个人共同缴纳。企业缴费每年不超过本企业职工工资总额的8%。企业和职工个人缴费合计不超过本企业职工工资总额的12%。具体所需费用，由企业和职工一方协商确定。一般需要综合考虑企业承受能力、职工个人缴费承受能力、职工年龄结构等实际情况进行确定，以保证企业年金计划的可持续性。

缴费基数可以使用本年度工资总额或上年度工资总额。确定缴费基数后，根据企业年金方案约定的缴费比例计算缴费。企业年金缴费一般按月进行。其中，企业缴费由企业计提缴纳，个人缴费部分由企业从职工个人工资中代扣代缴。

企业年金的缴费包括委托人发起和账户管理人发起两种模式。在实际操作中，由委托人发起的企业年金缴费流程更为常见。委托人将参加本年金计划的职工缴费总额及明细情况汇总通知受托人，由受托人将缴费信息提供给账户管理人，账户管理人据此进行系统设置和信息录入，并进行核对。其中，如有新增参加年金计划的人员，则需提供职工新建账户相应身份证证件信息等材料；如有人员信息发生变化的，则需提供人员信息变更相应佐证材料；此外，如有人员发生单位变化的，也需要提供相应的表格给账户管理人进行相应操作。账户管理人计算缴费总额及明细情况，生成企业缴费和个人缴费账单。受托人收到账户管理人的缴费账单后进行核对确认，并通知委托人进行缴费划款，在收到委托人划款回执后向托管人出具收款指令。托管人收到款项后核对实收金额并将确认结果反馈受托人，受托人通知账户管理人进行相应的记账处理，将缴费按约定规则计入个人账户和企业账户中。

由账户管理人发起的缴费流程，相对较为简单。由账户管理人进行缴费处理后，出具缴费账单并发送至受托人，受托人核对无误后向委托人出具缴费通知，委托人经核对无误后，进行资金划款，并将划款回执反馈给受托人。受托人核对划款金额并向托管人出具收款指令，收款后通知账户管理人进行相应记账处理。企业年金缴费及投资划款流程如图4-1所示。

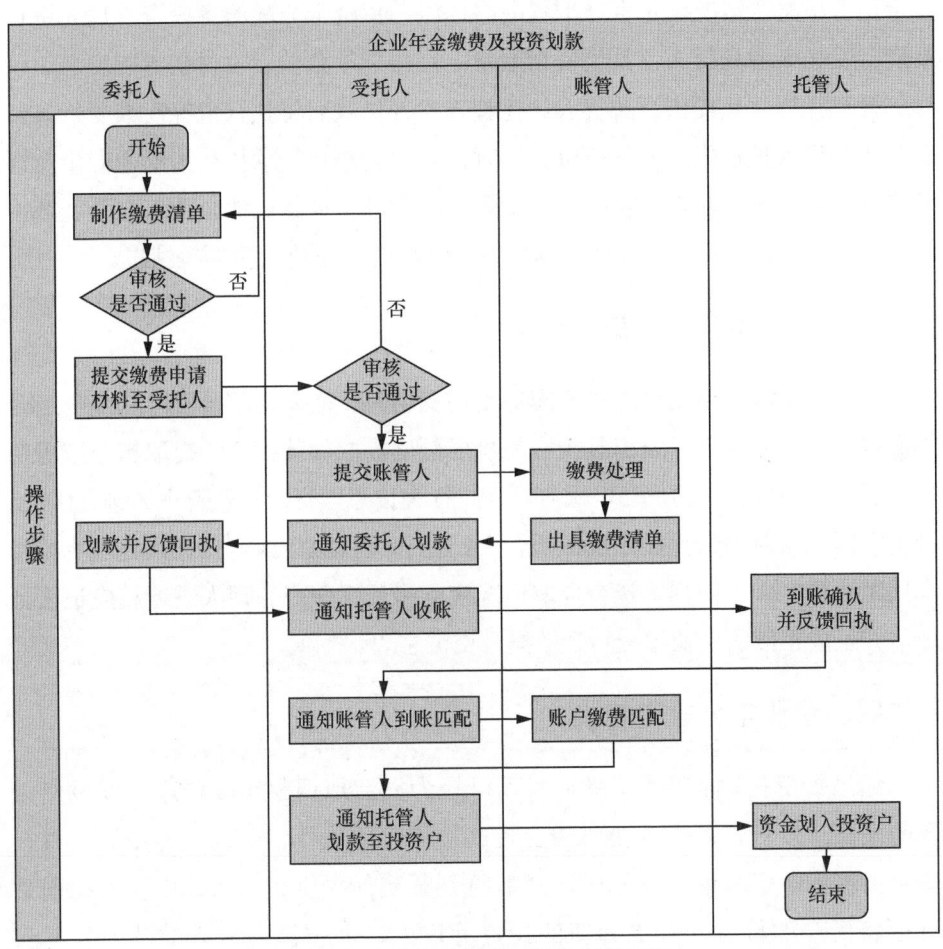

图4-1 企业年金缴费及投资划款流程

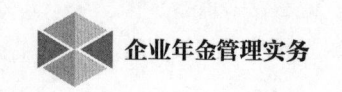

二、企业年金投资划款

一个企业年金计划可以根据资产规模大小选择适量的投资管理人。投资管理人在托管人处开立投资账户，存放用于投资的企业年金资产。在企业年金缴费完成后，参加年金计划的企业和个人缴纳的资金存于企业年金受托财产托管账户中。根据《企业年金基金管理办法》（人力资源和社会保障部令第11号）规定，企业年金基金缴费归集到受托财产托管账户后，需在45日内划入投资资产托管账户。受托人结合资本市场环境、各投资管理人历史业绩、企业年金运营战略等情况确定资产配置战略，将归集资金分配给各投资管理人进行投资。受托人向托管人出具投资划款指令，将划款金额、收付款方的户名、账号、开户行等信息提供给托管人。托管人执行付款后将执行情况反馈受托人，企业年金进入投资账户进行投资。同时，划款金额及划款执行情况需同步反馈账户管理人，账户管理人及时进行记账处理，并生成相应的企业年金基金数据成交汇总表，向受托人反馈成交前后各投资组合的净值、份额等情况。

三、企业年金投资提取

当企业年金需要支付或资产配置策略变动时，需要将部分资产从投资组合中提取出来。受托人需要出具相应的投资额度提取付款指令。提取指令应写明提取金额、收付款方的户名、账号、开户行等信息，交由投资管理人进行确认。投资管理人核对确认无误后反馈托管人，托管人按指令内容执行，并将执行情况反馈给受托人。同样，资金提取情况应同步反馈账户管理人进行相应记账处理，并生成相应的企业年金基金数据成交汇总表。

四、企业年金投资转换

通过投资提取和划款，受托人可以较为灵活地调整年金资产不同投资组合的配置。投资管理人需要对相应资产进行赎回操作，待资金到账后再进行资金的提取，资金返回受托资产户后再划款到新投资管理人。投资转换则是直接将资产的持有人变更为新的投资管理人，而不涉及资产的赎回和再买入。对于持有期较长或难以进行交易的资产，可采用这样的方式进行持有人的转换。

对于股票和部分债券类资产，根据《中国证券登记结算有限责任公司证券登记规则》（中国结算发〔2023〕28号），证券因下列原因发生转让的，可以办理非交易过户登记：①股份协议转让；②司法划扣；③行政划拨；④继承、捐赠、依法进行的财产分割；⑤法人终止；⑥上市或挂牌公司的收购；⑦上市或挂牌公司回购股份；⑧上市或挂牌公司实施股权激励计划；⑨相关法律、行政法规、中国证监会规章及中国证券登记结算有限责任公司业务规则规定的其他情形。股份协议转让或行政划拨双方取得交易场所对股份转让的确认文件后，应当向中国证券登记结算有限责任公司提出股份转让过户登记申请，中国证券登记结算有限责任公司对过户登记申请材料审核通过后，办理过户登记手续，并向申请人出具过户登记证明文件。

对于债券类资产，依照中央国债登记结算有限责任公司要求进行过户。需要转入方和转出方提供转移申请并提交审核，审核通过后方可进行非交易过户操作。

第二节 企业年金账户

一、企业年金个人账户

每一位参加企业年金计划的职工都有对应的个人账户，从职工开始参加企业年金计划时，账户管理人会为其建立相应的个人账户，用于记录职工个人基本信息、企业缴费信息、个人缴费信息、投资收益等信息。职工可以通过本单位企业年金计划的账户管理机构提供的渠道，查询本人的企业年金缴费、收益、资产等个人账户信息，查询渠道包括网上查询、电话查询、多媒体自助终端查询等。若年金计划的账户管理机构开发了手机App查询渠道，职工也可以通过手机在客户端对本人的企业年金账户情况进行查询。

个人账户包括个人缴费、单位划入部分和投资收益。以某公司年金计划为例，每位参加企业年金计划职工的个人账户下设单位缴费子账户和个人缴费子账户，分别用于记录单位缴费分配给职工个人的部分及其投资收益、个人缴费及其投资收益。为区分2014年前后企业与个人缴费部分中已纳税额和未纳税额，在实际操作中，还会将企业（个人）账户分为企业（个人）已纳税缴费账户和未纳税缴费账户。企业缴费根据企业年金方案中确定的比例计入职工企业年金个人账户，职工个人缴费全部计入个人账户。企业缴费部分的常见分配方式包括比例法和系数法。比例法即根据参加计划职工的缴费基数按照同样比例计入职工个人账户。系数法通常根据职工的岗位责任、工作年限、考核结果等因素综合确定职工个人账户企业缴费分配额。为充分发挥企业年金的激励作用，激发职工创业干事热情，一般会适当向关键岗位、核心骨干和各级各类人才倾斜，具体分配规则由单位根据实际情况确定，并在企业年金方案中明确。

企业应当合理确定本单位当期缴费计入职工企业年金个人账户的最高额与平均额的差距。企业当期缴费计入职工企业年金个人账户的最高额与平均额不得超过 5 倍，对于超出平均额 5 倍的部分，需计入企业账户。计算最高额和平均额差距（简称高平差）时，平均额的基准，一般情况下以每个独立法人为基准，企业总部可以单独计算。也就是每个独立法人高平差不得超过 5 倍；总部高平差不得超过 5 倍。一些企业的分支机构不是独立法人机构，如银行、保险企业等，这种情况下，计算高平差时以总部机构或本省全部机构的平均缴费作为基准。在实际操作中，企业年金的高平差比较基准按照企业主管部门的要求执行。以某年金计划为例，在计算高平差时，使用的基准是系统内参与企业年金计划的全部人员的平均缴费额，各参与企业年金计划的分公司和子公司均按照此标准执行。

值得注意的是，"中人补偿"在计算高平差时不纳入计算。"中人"是指在企业年金建立后较短时间内退休、企业年金个人账户积累低于企业向建立企业年金前退休人员发放的统筹外补贴的人员。这一概念与基本养老保险中所称"中人"相类似。对这一类既不能享受统筹外补贴、企业年金积累又相对较低的人员，企业将企业部分缴费对"中人"的企业年金个人账户进行单独分配，这就称为"中人补偿""中人补偿"是为使建立企业年金前后退休人员的补偿养老待遇平稳过渡的做法。在将大部分企业缴费分配给参加年金计划职工的前提下，结合缴费水平、统筹外待遇水平、职工年龄分布等相关因素合理制订补偿方案。"中人补偿"的具体实施办法应当在年金方案中明确。"中人补偿"可以在退休后由企业账户承担补偿缴费，也可以在退休前提高分配比例进行加速累积。在进行高平差计算时，当期缴费需遵循 5 倍高平差规定，而补偿缴费不在 5 倍高平差计算范围。企业当期缴费计入企业年金个人账户金额的高平差计算规则示意图如图 4-2 所示。

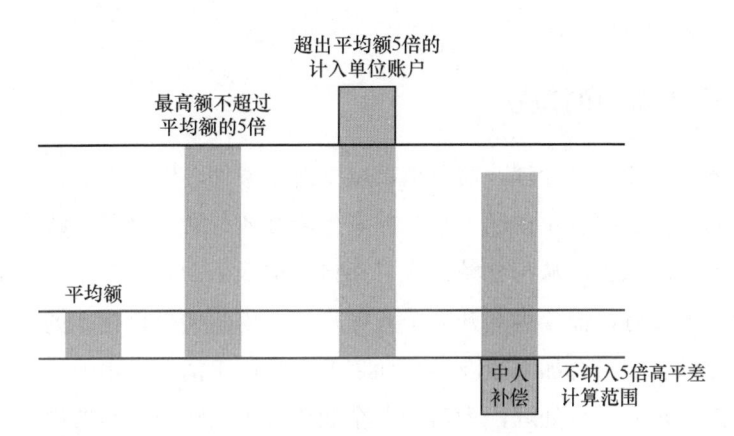

图 4-2　高平差计算规则示意图

二、企业年金企业账户

和企业年金个人账户相对应的，还有企业账户。企业年金暂时未分配至职工企业年金个人账户的企业缴费及其投资收益，以及职工企业年金个人账户中未归属于职工个人的企业缴费及其投资收益，计入企业年金企业账户。对于设置了"中人补偿"的年金计划，用于倾斜分配的"中人补偿"部分资金，也在企业账户资金中。

企业年金企业账户中的企业缴费及其投资收益应当按照企业年金方案确定的比例和办法计入职工企业年金个人账户。分配方式由企业结合实际情况制定，可以平均分配到每个个人账户，也可以结合工作岗位、工作年限、贡献程度进行分配。由企业账户分配到个人账户的部分资金，也受最高额和平均额差距 5 倍差距的限制。

进行企业账户权益分配，企业需要进行根据分配方案编制权益分配清单，提交受托人审核后发送账户管理人进行相应处理。在实践中，由于企业年金资产估值会随着资本市场产生波动变化，一般会在账户内留存部分余额，以避免发送分配时账户余额不足的情况。若需要将企业账户余额全部分配，一般会将企业账户全额赎回后再按照赎回后的金额进行分配。

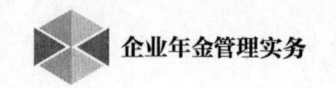

第三节　企业年金个人账户的管理

一、个人账户的建立

职工参加企业年金计划，需要满足以下两个条件，即与单位订立劳动合同且试用期满、依法参加企业职工基本养老保险并履行缴费义务。符合参加企业年金方案条件的职工，从符合条件次月起自动加入企业年金方案。新增参加企业年金计划人员时，需要为其开立个人账户。采用法人受托模式的，由企业向受托机构提供新增符合加入企业年金计划条件的职工清单，由受托机构审核后发送给账户管理人进行处理，为其开立企业年金个人账户。需要提供企业职工信息登记表，用于提供职工姓名、有效身份证件（包括身份证、护照、港澳台通行证等）信息、国籍、性别、出生日期等。采用理事会受托模式的，由企业年金管理部门（一般是人力资源管理部门）向理事会提供新增职工信息，经由理事会审核后，发送账户管理人处理。参加企业年金计划职工的基本信息发生变化时，应当及时为其办理个人信息变更，一般需要提交《企业职工信息变更表》和相应佐证材料，提交受托人审核后发送给账户管理人进行相应处理。

在实际工作中需要注意，当有新招聘职工进入单位、试用期尚未结束时，职工暂不符合参加企业年金条件，但当试用期结束时，应当及时为其建立年金账户并开始缴费。企业建立企业年金计划，符合条件的职工自动加入计划。职工也可以选择放弃参加年金计划，放弃参加企业年金计划的职工应提交《职工放弃参加企业年声明》，经单位备案后，可不加入企业年金计划。放弃加入企业年金计划的职工后又申请加入年金计划的，由本人提出书面申请，经单位审核同意后可加入年金计划。

二、权益归属

企业年金个人账户中包含了企业缴费、个人缴费及投资收益，各部分资产权益如何归属？其中，个人缴费及其投资收益归属很明确，根据《企业年金办法》第十九条规定，职工企业年金个人账户中个人缴费及其投资收益自始归属于职工个人。而企业缴费及其投资收益部分，则是根据企业年金方案约定的规则进行归属。企业可以与职工一方约定其自始归属于职工个人，也可以约定随着职工在本企业工作年限的增加逐步归属于职工个人，完全归属于职工个人的期限最长不超过 8 年。需要注意的是，权益最长归属年限，指的是职工在本企业工作年限，而非职工参加年金计划的年限。

在实际操作中，大部分企业年金采用阶梯式归属的模式，即随着职工在本企业工作年限增长，企业缴费及其收益部分归属比例随之增高。而与之对应的悬崖式归属模式，在实践中相对较少采用。悬崖式归属模式，即当职工在本企业工作年限达到规定年限之前，企业缴费及其投资收益的归属比例为零，而达到该年限后完全归属职工个人。采用阶梯式归属模式的好处：一是通过企业年金的福利沉淀留住人才，激励服务年限长的职工，体现了职工长期贡献与所享福利相匹配的公平性，有助于提升职工的企业忠诚度；二是以逐步提高归属比例，渐进式增加职工的获得感和认同感。2017 年发布的《企业年金办法》规定了完全归属的最长年限为 8 年，此前的《企业年金试行办法》（中华人民共和国劳动和社会保障部令 第 20 号令）并未对企业年金归属问题作出相关规定，单位部分缴费及收益按照企业在企业年金方案中作出的规定执行。最长归属年限的设置有效防止了完全归属年限设置过长、扣减职工福利的情形。而在最长年限范围之内，企业可结合企业实际情况进行归属规则的制定，以达到防止人才流失和职工认同性的平衡。

在一些特殊情况下，企业缴费及其投资收益全部归属于个人，且不受约定的权益归属年限限制：①职工达到法定退休年龄、完全丧失劳动能力或者死亡的；②《企业年金办法》第十二条规定的企业年金方案终止情形之一的；③非因职工过错企业解除劳动合同的，或者因企业违反法律规定，职工解除劳动合同的；④劳动合同期满，由于企业原因不再续订劳动合同的；⑤企业年金方案约定的其他情形。各情形下，企业年金企业缴费归属个人比例如表 4-1 所示。

表 4-1　　　　　　　　企业年金企业缴费归属个人比例表

权益归属核算时点	N	归属比例（%）
职工与本单位解除劳动合同	$N<X_1$ 年	A_1
	X_1 年 $\leq N<X_2$ 年	A_2
	X_2 年 $\leq N<X_3$ 年	A_3
	…	…
	$N \geq X$ 年	100

续表

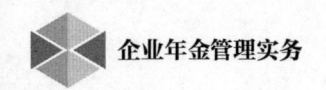

权益归属核算时点	N	归属比例（%）
企业年金方案终止		
达到法定退休年龄、完全丧失劳动能力或者死亡		
非因职工过错企业解除劳动合同，或者因企业违反法律规定，职工解除劳动合同		100
劳动合同期满，由于企业原因不再续签劳动合同		
（其他特殊情况）	—	—

注 1. N 是指在本单位的工作年限，不得超过 8（含）。
2. X 是指企业年金方案约定的年限节点。
3. A 是指企业年金单位部分归属比例。
4. 其他需要说明的事项。

职工在职期间违反法律被依法追究刑事责任的，企业年金缴费及其投资收益部分的归属问题，随着国家规定的变化也有相应变化。在《企业年金办法》出台之前，并未对企业缴费及其投资收益部分的最长归属年限作出规定，归属规则按照企业的年金方案所约定执行。为约束职工遵纪守法、履职尽责、遵守劳动纪律和单位规章制度，根据《中华人民共和国劳动法》（简称《劳动法》）第二十五条之规定，在特定情形下用人单位可以解除劳动合同：①在试用期间被证明不符合录用条件的；②严重违反劳动纪律或者用人单位规章制度的；③严重失职、营私舞弊，对用人单位利益造成重大损害的；④被依法追究刑事责任的。因此 2018 年之前，许多企业在实践中对企业年金单位缴费及其收益部分归属问题也作出了相应的规定。例如，当职工因违规违纪被单位开除、职工被依法追究刑事责任的，其企业年金的企业缴费部分全不归属于职工。《企业年金办法》实施后，对完全归属最长年限做了明确的规定。在实际操作中，若职工被依法追究刑事责任的，但其在本单位工作年限已超过 8 年，应当依照现行政策规定，企业缴费及其收益完全归属职工。

案例

【案例 1】王某与张某同为某公司职工，于 2009 年 7 月入职该公司。2010 年 1 月两人试用期满后参加本单位企业年金计划。王某在该公司工作 3 年后于 2013 年离职，张某在该公司工作 10 年后，于 2020 年因判刑与公司解除劳动合同。两位职工的企业年金账户中，个人缴费及其收益、企业缴费部分及其收益应当如何归属？

根据《企业年金办法》规定，职工企业年金个人账户中个人缴费及其投资收益自始归属于职工个人。因此，王某和张某企业年金账户中，个人缴费及其投资收益部分都归属个人。

王某离职时，在本企业工作未满企业缴费权益完全归属的最长年限 8 年。其企业年金企业缴费及其收益部分应当按照年金方案中所约定的归属规则进行计算归属比例。张某虽被判刑，但此时其在该企业工作年限已超过 8 年，且当时《企业年金办法》已实施，所以其企业缴费及收益部分应当按照《企业年金办法》规定，完全归属张某个人。

【案例 2】李某为某公司职工，于 2015 年 7 月正式入职并与该公司签订劳动合同。6 个月试用期满后，于 2016 年 1 月参加该企业的年金计划。2023 年 8 月，该职工提出辞职，并于 2023 年 9 月与该企业解除劳动合同。李某企业年金账户中，个人缴费及其收益、企业缴费部分及其收益应当如何归属？

根据《企业年金办法》规定，李某个人缴费部分及其收益自始至终归属于李某个人。李某于 2015 年 7 月—2023 年 8 月在该公司工作，其工作年限为 8 年 2 个月，实际参加企业年金计划的年限为 7 年 8 个月。企业缴费权益完全归属的最长年限 8 年，该年限指的是职工在本企业工作年限，因此李某个人账户中企业缴费及其收益部分也应完全归属李某个人。

三、账户转移和转保留

职工变动工作单位时，新就业单位已经建立企业年金或者职业年金的，原企业年金个人账户权益应当随同转入新就业单位企业年金或者职业年金。职工向企业提出转移申请，并提供新单位企业年金计划账户信息，一般需要提交新单位企业年金的建账证明或由新单位出具的《办理员工企业年金转移联系函》。企业年金的转移在约定的定价日进行，转移账户资金按照约定的定价日估值计算净值。企业根据年金方案规定计算企业缴费及收益归属比例，并将转移资料提交企业年金受托人审核。受托人为企业年金理事会的，在实际操作中此步骤通常直接由企业年金理事会相应管理人员计算和审核。转移信息审核无误的，由受托人提交账户管理人。账户管理人对该职工账户做转移处理并出具转移报告交给受托人。受托人审核转移报告，并据此出具资金划转指令至托管人，将对应资金划转到指定账户。划款成功后，托管人向受托人反馈资金划转信息，企业年金个人账户转出完成。具体企业年金转移流程图如图4-3所示。

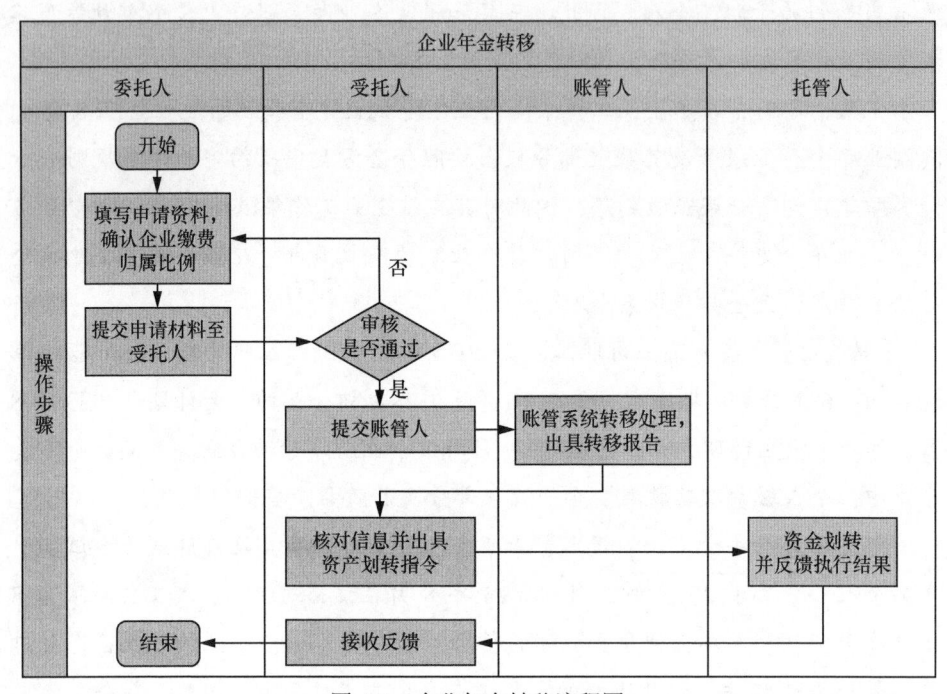

图4-3 企业年金转移流程图

相应的，如果有新调入的职工，其原单位企业年金需要转入的，本企业也需要做相应转入处理。当新职工调入时，原单位企业年金需要转入本单位企业年金计划的，受托人为其开具《企业年金转移联系函》交给原单位企业年金受托人。进行转移后，职工需要提交《职工转入申请表》《职工信息登记表》和原账户管理人出具的转移报告。托管人收到相应资金划款后反馈受托人，受托人向账户管理人出具转入指令。职工新转入的年金资金至下一个定价日进行相应申购操作。

职工新就业单位没有建立企业年金或者职业年金的，或者职工升学、参军、失业期间，原企业年金个人账户可以暂时由原管理机构继续管理，这就是个人账户的转保留。转保留流程同样需要在职工提交转保留申请后，根据企业年金方案规定计算企业缴费及收益归属比例，并提交企业年金受托人审核，确认无误后提交账户管理人进行转移处理并出具转保留报告，转保留报告通过企业反馈至职工本人。个人账户转保留之后，其账户内资金继续由原受托人管理并进行投资。职工新就业单位未建立企业或职业年金的，也可以转移到集合计划管理。原企业年金计划属于法人受托模式的，由法人受托机构发起的集合计划设置的保留账户暂时管理；原受托人是企业年金理事会的，由企业与职工协商选择法人受托机构管理。个人账户转移到集合计划的流程，与转移到新企业年金计划的流程类似。

另外，当企业年金方案终止后，职工原企业年金个人账户由法人受托机构发起的集合计划设置的保留账户暂时管理；原受托人是企业年金理事会的，由企业与职工一方协商选择法人受托机构管理。

四、账户支付

当职工满足企业年金领取条件时，可以领取相应待遇。根据《企业年金办法》，满足以下条件时，可以领取企业年金：

（1）职工达到国家规定的退休年龄或者完全丧失劳动能力时。

（2）出国（境）定居人员。

（3）职工或者退休人员死亡。

未达到上述企业年金领取条件之一的，不得从企业年金个人账户中提前提取资金。

当职工达到法定退休年龄或完全丧失劳动能力时，可以从本人企业年金个人账户中按月、分次或者一次性领取企业年金，也可以将本人企业年金个人账户资金全部或者部分购买商业养老保险产品，依据保险合同领取待遇并享受相应的继承权。达到法定退休年龄领取企业年金的，一般需要提供《企业年金支付申请表》、经社会保险管理部门批准的达到法定退休条件的佐证材料、领取企业年金待遇的本人账户信息。完全丧失劳动能力的，需要提供由劳动能力鉴定委员会出具完全丧失劳动能力鉴定结论。达到法定退休年龄或丧失劳动能力的职工可以根据自身需要，选择按月、分次或一次性领取企业年金，依据其领取方式不同，其个人所得税差异较为明显，此部分内容在第五章将会详细讨论。在实践中，通常需要职工在《企业年金分期支付选择表》上进行支付选择并签字，后归档留存。建议在职工达到法定退休条件或完全丧失劳动能力时，依据职工本人账户中应纳税所得额提前进行个人所得税测算，为职工提供不同支付

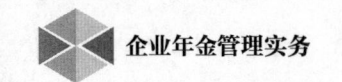

金额及对应的税率级数以供职工参考。

　　一般受托人与托管人、账户管理人、投资管理人按照实际需要约定若干定价日，以定价日为基准对年金资产进行估值。对于满足待遇领取条件首次领取年金的退休职工，通常以上月定价日的净值对其个人账户余额进行计算，并将账户余额反馈职工，由职工进行支付选择。账户管理人在支付当月定价口提供当月退休人员的准确支付金额和分期支付人员在当月产生的支付金额。根据当期所有领取待遇人员的支付情况，账户管理人向受托人提供当期待遇支付人员的《待遇支付汇总表》，并向受托人提供用于计算个人所得税所需的相关账户信息。受托人审核无误后，发送至托管人，由托管人进行个人所得税、税后支付额的复核，并向税务部门进行纳税申报。受托人向托管人出具投资额度提取、待遇支付及纳税指令，进行相应份额的赎回并完成企业年金支付。由于将账户余额告知职工的节点与进行赎回的节点存在时间差，因市场波动可能会存在净值波动，但此部分波动较小，一般作为账户损益处理。支付完成后，托管人将包含执行结果的指令发送账户管理人，由账户管理人对个人账户进行相应记账处理。

　　职工出国（境）的，其个人账户余额可以根据本人要求一次性支付给本人。一般需要提供《企业年金支付申请表》、职工有效身份证明证件或外国护照复印件、户籍注销证明或基本养老领取证明等相关证明材料。

　　职工身故的，企业年金个人账户余额可以继承。企业年金余额可以支付给指定受益人，或支付给其法定受益人。支付给指定受益人的，一般需要提供《企业年金支付申请表》、身故职工的身故证明复印件、经公证的身故人指定受益人证明复印件、所有受益人的有效身份证明复印件及银行卡复印件。若身故人无指定受益人的，支付给其法定继承人。支付给法定继承人的，需要提供《企业年金支付申请表》、身故职工的身故证明复印件、身故人户口本复印件、所有第一顺位法定继承人与身故人关系证明、所有第一顺位法定继承人的有效身份证明复印件及银行卡复印件；如有第一顺位法定继承人已故的，需要提供身故证明；如有第一顺位法定继承人放弃继承时，需要提供放弃继承的声明；当受益人有多人时需要提供身故职工年金分割比例的公证证明或所有受益人签名的分割协议。若所有第一顺位法定继承人均放弃继承或身故的，支付给其第二顺位法定继承人，材料要求同支付给第一顺位继承人的要求。

第五章
企业年金与个人所得税

第一节 企业年金税优政策和各国税优模式比较分析

一、税收优惠

税收优惠是指国家为了鼓励特定行业、地区或个人在经济发展中起到积极作用而采取的减免税收的政策措施。它既是一种经济手段,也是一种政府引导经济发展的重要手段。税收优惠可以有效激发企业活力,促进经济繁荣,推动社会进步。随着全球经济的发展和变革,各国政府为了鼓励特定的产业发展,不断推出各种税收优惠政策。我国的税法,税收优惠主要用于鼓励农、林、牧、渔、水利等行业的发展,鼓励能源、交通、邮电等基础产业的发展,促进科技、教育、文化、宣传、卫生、体育等事业的进步。

企业所得税优惠可以分为直接优惠方式和间接优惠方式,包括税基式减免、税率式减免、税额式减免以及复合式减免优惠政策四种类型。直接优惠方式是一种事后的利益让渡行为,它的作用主要体现在政策性倾斜、补偿企业损失,主要针对企业的经营结果减免税,优惠方式更加简便易行,具有确定性。长远来看,直接优惠是降低税率或对企业经营结果的减免税,容易导致政府税收收入的减少。直接优惠方式包括税收减免、优惠税率、再投资退税等。间接优惠方式是以较健全的企业会计制度为基础的,它侧重于税前优惠,主要通过对企业征税税基的调整,从而激励纳税人调整生产、经营活动以符合政府的政策目标。间接优惠是前置条件的优惠方式,管理操作比较复杂。间接优惠方式主要以税收扣除、加速折旧、准备金制度、税收抵免、盈亏相抵和延期纳税等。间接优惠方式中加速折旧、再投资的税收抵免两种方式具有更为显著的优点。在实际应用中，政府往往采用直接优惠、间接优惠相结合的方式进行复合式税收优惠政策。税收优惠政策是引导产业升级、政府促进经济发展、支持创新的重要工具。所以，企业在制定战略时，也需要关注政府的长期目标和政策方向，以确保在享受税收优惠的同时，也对社会和经济作出了一定的贡献。在全球化的背景下，税收优惠政策不仅能刺激本国的经济增长，还可能吸引外国投资，进一步推动全球经济的繁荣和稳定。

二、发达国家企业年金税收优惠政策

随着全球人口老龄化趋势的不断加快，以及企业年金在养老保障体系中的地位正日益提高，进一步鼓励和促进企业年金发展的税收优惠政策在大多数国家已有一定程度的出台。当前，企业年金运作模式为企业和职工向企业年金账户缴纳保费，通过投资运作不断累积，在职工退休时领取和享受。针对企业年金的税收优惠政策，当前存在三个节点：第一个节点是在税前列支；第二个节点是企业年金在投资运作过程中，在获得投资收益的情况下，所得税是否能够免除；第三个节点是职工退休领取企业年金待遇时是否可以给予免税。基于以上三个节点进行排列组合，共有 8 种组合方式。如果某一节点给予免税记为符号 E（exemption），不免税记为符号 T（tax），则这 8 种组合方式分别为 TTT、ETT、TET、TTE、EET、ETE、TEE、EEE。

企业年金税收优惠政策是国家针对政治、经济、社会等方面问题采取的有效解决措施。在这一事件中，税收优惠模式的选择显得极为重要，当前世界上许多国家都建立了企业年金制度并提出了一系列配套的税收优惠举措，我们可以借鉴其税收优惠政策的发展实践经验，对企业年金税收优惠模式的选择进行探讨。

目前，全球大部分建立了企业年金制度的发达国家都实行了相应的税收优惠政策，本节以经济合作与发展组织（Organization for Economic Co-operation and Development，OECD）成员国家为例，就企业年金税收优惠模式的选择进行探讨，借鉴其税收优惠政策的发展经验。企业年金的税收优惠政策被 OECD 国家政府视为企业年金发展的"能源动力"，企业年金制度正是充分利用了税收优惠政策才得以蓬勃发展。主要措施包括免税、减税和缓缴税收。

1. OECD 国家企业年金税收优惠力度比较

通过对各类养老金计划税收支出占财政税收比例的研究，可分析各国政府对养老金税收优惠的支持力度。OECD 国家早在 20 世纪 90 年代就已经非常重视利用税收优惠政策来推动企业年金制度的发展，根据 OECD 国家养老金计划税收支出比例（见表 5-1）可以了解部分 OECD 国家在不同养老金计划下的税收优惠政策所导致的税收减少，比较各国在企业年金税收优惠方面的力度。

表 5-1 OECD 国家养老金计划税收支出比例

国家	养老金计划	时间（年）	税收支出占财政税收比例（%）
美国	雇主计划	1991	3.0
	IRAS	1991	0.4
	自由职业者的退休存款	1991	0.1
加拿大	退休储蓄计划	1988	2.5
	养老金计划	1989	5.9
比利时	私人年金储蓄	1989	0.3
	雇主年金计划	1988	0.1
英国	职业年金计划	1996	3.0
	个人年金计划	1996	0.8
西班牙	养老基金税收优惠	1993	0.1
葡萄牙	退休储蓄计划	1992	0.1
澳大利亚	超级年金计划	1993	4.6

通过表 5-1 数据可以看出，OECD 国家中不同养老金计划的税收支出在税收收入中均占一定比例，但占比较大的是企业年金计划的税收支出。例如，澳洲超级年金计划，类似于企业年金计划，其税收支出占全部税收的 4.6%，这一数据表明澳大利亚政府投入了更大的财税收入来支持企业年金的税收优惠政策；加拿大的养老金计划也属于企业年金计划，其税收优惠力度在 OECD 国家中是第一位的，这表明加拿大政府非常重视企业年金税收优惠政策的实施；英国的职业年金计划和美国的雇主计划给政府带来的税收支出比重均为 3.0%，远大于其他养老金计划的比重，体现其税收优惠力度非常显著。

各国对企业年金的税收优惠政策表明，对企业年金实行一定程度的免税待遇，是政府为养老金体系改革付出的政策性成本。尽管政府对参与企业年金的主体实施税收优惠政策会以牺牲一定的当期财政税收为代价，但企业年金的税收优惠制度在促进企业年金制度发展方面发挥了重要作用。这些国家为了寻求公共养老金之外应对人口老龄化问题的最佳途径，仍然采取了更大的企业年金税收优惠力度，这种做法不仅能鼓励企业提供企业年金计划，还能鼓励员工积极参与企业年金计划，企业年金计划的资金由企业和员工共同承担，以缓解国家财政未来在养老方面的支出压力。而利用这一途径，则需要政府致力于调整财政收入结构，转变财政收入的重点目标，以长期的财政收入建设来抵御长期的国家养老财政压力。我国实施企业年金税收优惠的力度与OECD国家相比，尚有一定差距。彭雪梅（2004）的研究测算结果显示，由于我国企业年金税收优惠政策导致的税收减少额仅占全部税收的0.2%～0.3%，因此从政府财政收入成本的角度来看，我国企业年金税收优惠的力度在有效发挥税收优惠对企业年金的促进作用方面，还存在一定提升空间。

2. 发达国家税收优惠模式比较

根据国情、经济发展水平、外部环境及社会保障体系情况，不同国家和地区对企业年金三个经营阶段免税组合的选择也不尽相同。但全球多数发达国家仍选择在缴费期、投资收益期免税的EET税收优惠模式。在EET模式下，调动企业和员工参与缴费阶段的积极性，将前期员工个人收入阶段国家财政征税，递延到员工年金给付阶段，从而使国家财政征税隐性化，最大限度地促进企业年金发展过程中的税收优惠政策。各发达国家的企业年金税收优惠模式如表5-2所示。

表5-2　　　　　　　各发达国家的企业年金税收优惠模式

国家	征税模式	税收法律政策
美国	EET	缴费期：雇主缴费按雇员工资15%为限在税前扣除，雇员缴费不享受免税； 投资期：企业年金投资收益免税； 给付期：对员工领取企业年金计划的养老金征收个人所得税
日本	EET	缴费期：允许税前扣除； 投资期：投资收益免税，对雇主缴费形成的基金资产额征1.127%的特别税； 给付期：对从企业年金计划领取的养老金征收个人所得税
葡萄牙	EET	缴费期：雇主在账面上记载的养老金计划的缴费允许税前扣除； 投资期：对一次性结算的养老金收益额免税； 给付期：对以年金形式领取的养老金征税，税率由受益人年龄决定

续表

国家	征税模式	税收法律政策
奥地利	EET	缴费期：雇主缴费可以在税前全额扣除，雇员缴费在工资额25%以内可以扣除。收入低于700000先令的雇员的缴费最高税前扣除限额为10000先令； 投资期：投资收益免税； 给付期：对领取养老金的25%征收个人所得税
芬兰	EET	缴费期：雇员缴费按工资额的10%或50000马克为限在税前扣除； 投资期：投资收益免税； 给付期：对不超过雇员个人工资总额的60%部分征收个人所得税
英国	EET	缴费期：DB型计划的雇员缴费在工资总额15%以内税前扣除，DC型计划的雇员在35岁以下时扣除限额为17.5%，60~65岁之间扣除限额为40%； 投资期：投资收益免税； 给付期：征收个人所得税
意大利	ETT	缴费期：在一定限额内税前扣除； 投资期：按11%的投资收益征税； 给付期：对以年金形式领取的养老金的87.5%部分征税，一次性领取的养老金可以享受更加优惠的税收优惠待遇
澳大利亚	ETT	缴费期：雇主缴费允许税前扣除，但50岁以上的雇员扣除限额为64700澳元； 投资期：投资收益按15%税率征税； 给付期：在一定税收优惠的前提下征收个人所得税
波兰	EEE	缴费期：雇主缴费允许税前列支，但雇员缴费必须缴纳个人所得税； 投资期：免税； 给付期：免税
韩国	EEE	缴费期：免税； 投资期：免税； 给付期：免税

从表5-2可以看出，大部分发达国家选择了EET模式，如美国、日本、英国等；还有一些国家选择了ETT模式，如意大利和澳大利亚；还有部分国家选择了EEE模式，如波兰和韩国。有些国家根据不同的企业年金计划设计了较为灵活的企业年金税收形式，如美国最普及的企业年金计划，在缴费阶段只允许雇主按一定比例为限在税前扣除，而雇员缴费则不享受免税；有些国家在缴费阶段允许雇主缴费可以在税前全额扣除，但对雇员只给予一定的税前扣除限额，超过限额部分仍需缴纳个人所得税，如奥地利、芬兰、英国；澳大利亚在给付期不实行完全征税，在一定范围内可以享受税收优惠，而在缴费阶段则规定50岁以上的雇员可在64700澳元以内享受税前扣除的待遇，因此澳大利亚所采用

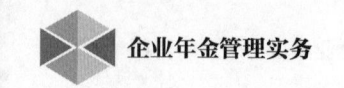

的是一种灵活的 ETT 模式；波兰所采取的 EEE 模式与韩国在年金三个经营阶段的完全免税政策又存在差别，波兰规定雇员在缴费阶段应依法缴纳个人所得税，只有雇主缴费允许在税前列支。

三、我国企业年金税收优惠政策

关于我国的企业年金税收优惠政策，大致经历了三个阶段。从 2000 年 12 月，国务院颁布《完善城镇社会保障体系的试点方案》（国发〔2000〕42 号）开始，到国家税务总局 2009 年《关于企业年金个人所得税征收管理有关问题的通知》（国税函〔2009〕694 号）之前，我国实行的是不规范的"模糊 TEE"模式；而从国家税务总局 2009 年《关于企业年金个人所得税征收管理有关问题的通知》（国税函〔2009〕694 号）开始，到 2013 年《财政部 人力资源和社会保障部 国家税务总局关于企业年金 职业年金个人所得税有关问题的通知》（财税〔2013〕103 号）之前，我国实行的是纯粹的 TEE 模式；而自《财政部 人力资源和社会保障部 国家税务总局关于企业年金 职业年金个人所得税有关问题的通知》至今，我国则尝试实行 EET 模式，但在缴费环节并不实行完全免税，而是设置一个固定的免税比例，所以也是一种"变体"EET 模式，但相比于 OECD 国家的"改良"EET 模式的税收优惠幅度并不低于标准的 EET 模式而言，我国的"变体"EET 模式的税收优惠幅度相对低于标准的 EET 模式。

我国的企业年金税收优惠政策可以从企业所得税税收优惠和个人所得税税收优惠两个方面加以概括。

（1）企业所得税税收优惠政策。我国企业年金的企业缴费部分的企业所得税优惠政策经历了从无到有、从地方性政策到全国统一政策的过程。

2000 年 12 月，国务院颁布《完善城镇社会保障体系的试点方案》（国发〔2000〕42 号）并选择辽宁省开始试点，首次将企业补充养老保险更名为企业年金，并明确企业年金举办单位可以享受税前列支的税收优惠政策，即企业缴费在工资总额 4%以内的部分可以从成本中列支。2003 年，国家税务总局发布的《关于执行〈企业会计制度〉需要明确的有关所得税问题的通知》（国税发〔2003〕45 号）规定，企业为全体职工按国务院或省级人民政府规定的比例或标准缴纳的补充养老保险、补充医疗保险，可以在税前扣除。

2006年，财政部颁布的《企业财务通则》（财政部令第41号）规定，为职工建立补充医疗保险和补充养老保险，所需费用按照省级以上人民政府规定的比例从成本（费用）中提取。超出规定比例的部分，由职工个人负担。此外，国务院国有资产监督管理委员会（简称国务院国资委）2005年《关于中央企业试行企业年金制度的指导意见》（国资发分配〔2005〕135号）和2007年《关于中央企业试行企业年金制度有关问题的通知》（国资发分配〔2007〕152号）强调执行4%税优比例，央企缴费不能超过8.3%。

2008年，财政部发布的《关于企业新旧财务制度衔接有关问题的通知》（财企〔2008〕34号）规定，补充养老保险的企业缴费总额在工资总额4%以内的部分，从成本（费用）中列支。企业缴费总额超出规定比例的部分，不得由企业负担，企业应当从职工工资中扣缴。

2009年6月，财政部和国家税务总局联合颁发的《关于补充养老保险费补充医疗保险费有关企业所得税政策问题的通知》（财税〔2009〕27号）规定，自2008年1月1日起，企业根据国家有关政策规定，为在本企业任职或者受雇的全体员工支付的补充养老保险费、补充医疗保险费，分别在不超过职工工资总额5%标准内的部分，在计算应纳税所得额时准予扣除；超过的部分，不予扣除。

2013年，中华人民共和国财政部、人力资源和社会保障部、国家税务总局印发《财政部 人力资源和社会保障部 国家税务总局关于企业年金 职业年金个人所得税有关问题的通知》（财税〔2013〕103号），文件规定企业和事业单位（以下统称单位）根据国家有关政策规定的办法和标准，为在本单位任职或者受雇的全体职工缴付的企业年金或职业年金（以下统称年金）单位缴费部分，在计入个人账户时，个人暂不缴纳个人所得税，自2014年1月1日实行，《国家税务总局关于企业年金个人所得税征收管理有关问题的通知》（国税函〔2009〕694号）、《国家税务总局关于企业年金个人所得税有关问题补充规定的公告》（国家税务总局公告2011年第9号）同时废止。

（2）个人所得税税收优惠政策。主要包括对个人缴费部分和企业缴费列入个人账户部分征收个人所得税的优惠政策。

2009年，在国家税务总局《关于企业年金个人所得税征收管理有关问题的通知》（国税函〔2009〕694号）颁布前，我国尚没有全国统一的企业年金个人所得税税收优惠政策。而在地方税收优惠政策中，除西藏自治区、江苏省和湖北省在缴费比例中规定了个人缴费税收优惠外，其他省份制定的税收优惠也均指企业缴费。

2009年，国家税务总局《关于企业年金个人所得税征收管理有关问题的通知》（国税函〔2009〕694号）规定：企业年金的个人缴费部分，不得在个人当月工资、薪金计算个人所得税时扣除，企业年金的企业缴费计入个人账户的部分属于个人所得税应税收入，在计入个人账户时，应视为个人一个月的工资、薪金（不与正常工资、薪金合并）。

2011年，国家税务总局《国家税务总局关于企业年金个人所得税有关问题补充规定的公告》（国家税务总局公告〔2011〕第9号）规定：企业年金的企业缴费部分计入职工个人账户时，当月个人工资薪金所得与计入个人年金账户的企业缴费之和未超过个人所得税费用扣除标准的，不征收个人所得税。

2013年，《财政部 人力资源和社会保障部 国家税务总局关于企业年金 职业年金个人所得税有关问题的通知》（财税〔2013〕103号）的规定则借鉴发达国家通行做法的基础上，结合我国实际对年金个人所得税政策体系，采用了EET递延纳税模式：①在年金缴费环节，对单位根据国家有关政策规定为职工支付的企业年金或职业年金缴费，在计入个人账户时，个人暂不缴纳个人所得税；个人根据国家有关政策规定缴付的年金个人缴费部分，在不超过本人缴费工资计税基数的4%标准内的部分，暂从个人当期的应纳税所得额中扣除；②在年金基金投资环节，企业年金或职业年金基金投资运营收益分配计入个人账户时，暂不征收个人所得税；③在年金领取环节，个人达到国家规定的退休年龄领取的企业年金或职业年金，按照"工资、薪金所得"项目适用的税率，计征个人所得税。

四、企业年金决策受到税收优惠政策的影响

企业年金决策具有税收优惠效应，即企业缴税越高，越有可能采用企业年金。企业实际所得税率与企业年金规模正相关。具体来看，不同所有制形式企业的企业年金决策对各种影响因素的敏感度差异较大。为了利用税后优惠政策降低企业实际所得税率，国有控股企业相对于非国有控股企业更为积极。后者建立企业年金的积极性受自身规模和融资环境的限制较大，导致现行税收优惠

政策对非国有控股企业年金的激励作用十分有限。

第二节　年金个人所得税的计算和缴纳

一、企业年金的领取和个税缴纳

（一）企业年金个人所得税有关政策

企业年金个人所得税与广大职工息息相关，缴付和领取企业年金的时间不同，对应的个人所得税计算规则也不同。2013年及以前，企业年金已在缴费时缴纳个人所得税。2013年底，《财政部 人力资源和社会保障部 国家税务总局关于企业年金 职业年金个人所得税有关问题的通知》（财税〔2013〕103号）发布，根据该文件规定，从2014年1月1日起，企业年金和职业年金个人所得税实行新政，将年金缴费和投资收益环节的纳税义务递延到了领取环节。2018年，《中华人民共和国个人所得税法》第七次修正后，财政部、国家税务总局印发《关于个人所得税法修改后有关优惠政策衔接问题的通知》（财税〔2018〕164号），对个人领取企业年金、职业年金缴纳个人所得税的政策再次进行了调整。

（二）企业年金缴费的个人所得税处理

（1）企业根据国家有关政策规定的办法和标准，为在本单位任职或者受雇的全体职工缴付的企业年金单位缴费部分，在计入个人账户时，个人暂不缴纳个人所得税。

（2）个人根据国家有关政策规定缴付的年金个人缴费部分，在不超过本人缴费工资计税基数的4%标准内的部分，暂从个人当期的应纳税所得额中扣除。

（3）超过以上两项规定的标准缴付的企业年金单位缴费和个人缴费部分，应并入个人当期的工资、薪金所得，依法计征个人所得税。税款由建立企业年金的单位代扣代缴，并向主管税务机关申报解缴。

（4）企业年金个人缴费工资计税基数为本人上一年度月平均工资。月平均工资按国家统计局规定列入工资总额统计的项目计算。月平均工资超过职工工作地所在设区城市上一年度职工月平均工资300%以上的部分，不计入个人缴费

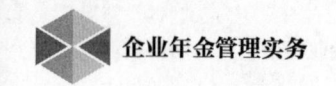

工资计税基数。

（三）企业年金基金投资运营收益的个人所得税处理

企业年金基金投资运营收益分配计入个人账户时，个人暂不缴纳个人所得税。

（四）领取企业年金的个人所得税处理

个人达到国家规定的退休年龄，领取的企业年金、职业年金，符合《财政部 人力资源和社会保障部 国家税务总局关于企业年金 职业年金个人所得税有关问题的通知》（财税〔2013〕103号）规定的，不并入综合所得，全额单独计算应纳税款。其中，按月领取的，适用月度税率表计算纳税；按季领取的，平均分摊计入各月，按每月领取额适用月度税率表计算纳税；按年领取的，适用综合所得税率表计算纳税。

个人因出境定居而一次性领取的年金个人账户资金，或个人死亡后其指定的受益人或法定继承人一次性领取的年金个人账户余额，适用综合所得税率表计算纳税。对个人除上述特殊原因外一次性领取年金个人账户资金或余额的，适用月度税率表计算纳税。

部分省市对于残疾人、孤老人员或烈属等人员，出台了所得税优惠政策。例如，根据《浙江省财政厅国家税务总局浙江省税务局关于浙江省残疾、孤老人员和烈属减征个人所得税有关优惠政策的通知》（浙财税政〔2019〕9号）规定："一、综合所得项目，年应纳个人所得税税额在6000元（含）以下的，减征100%；6000元以上的，定额减征6000元。二、经营所得项目，年应纳个人所得税税额在6000元（含）以下的，减征100%；6000元以上的，定额减征6000元。三、纳税人年度内存在综合所得和经营所得的，由纳税人选择一个所得类别享受减征税收优惠，两类所得不重复享受；纳税人同时符合残疾、孤老人员和烈属两种以上身份的，选择一种身份享受减征税收优惠，多重身份不重复享受。"对于该类人员，在进行企业年金领取时，应当注意相关政策，并提醒职工享受政策优惠。

二、企业年金个人所得税的计算和缴纳案例

（一）企业年金缴纳环节的税收

根据国家有关政策规定单位为职工缴付的单位缴费部分年金在计入个人账

户时，个人暂不缴纳个人所得税；个人根据国家有关政策规定缴付的个人缴费部分年金，在不超过本人缴费工资计税基数（为本人上一年度月平均工资，按职工工作地所在设区城市上一年度职工月平均工资300%封顶）的4%标准内部分，暂从个人当期应纳税所得额中扣除。超过上述标准缴付的单位和个人缴费部分，应并入个人当期的工资、薪金所得，依法计征个人所得税。如A市2020年度职工平均工资为70000元，年金个人缴费部分税前扣除限额为700元（70000×3倍÷12×4%=700元）。

案例

【案例1】A市某单位职工甲、乙，2020年平均月工资分别为30000元、15000元，2021年企业年金个人每月缴费部分金额分别为900元、450元。则甲、乙缴费工资计税基数分别为 70000×3÷12=17500元（300%封顶）、15000元，甲、乙税前扣除限额分别为17500×4%=700（元）、15000×4%=600（元）。也就是说甲的企业年金个人缴费部分900元中的700元可以税前扣除，剩余200元须并入当月工资薪金所得缴税；乙的450元均可以税前扣除（假如乙的企业年金个人缴费部分有700元，因为其税前扣除限额只有600元，那超出的100元须并入当月工资薪金所得缴税）。

注：按目前政策，个人缴费超标部分在领取时仍需再纳税。

（二）收益分配环节的税收

企业年金基金投资运营收益分配计入个人账户时，个人暂不缴纳个人所得税。

（三）企业年金领取环节的税收

个人达到国家规定的退休年龄，领取的企业年金、职业年金，不并入综合所得，全额单独计算应纳税款。其中，按月领取的，适用月度税率表计算纳税；按季领取的，平均分摊计入各月，按每月领取额适用月度税率表计算纳税；按年领取的，适用综合所得税率表（见表5-3）计算纳税。个人因出境定居而一次性领取的企业年金个人账户资金，或个人死亡后，其指定的受益人或法定继承人一次性领取的企业年金个人账户余额，适用综合所得税率表计算纳税。对个人除上述特殊原因外一次性领取年金个人账户资金或余额的，适用按月换算后的综合所得税率表（见表5-4）计算纳税。

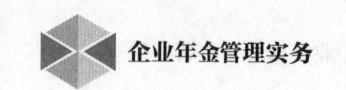

表 5-3　　　　　　　　　　综合所得税率表

级数	全年应纳税所得额	税率（%）	速算扣除数（元）
1	不超过 36000 元的	3	0
2	超过 36000~144000 元的部分	10	2520
3	超过 144000~300000 元的部分	20	16920
4	超过 300000~420000 元的部分	25	31920
5	超过 420000~660000 元的部分	30	52920
6	超过 660000~960000 元的部分	35	85920
7	超过 960000 元的部分	45	181920

表 5-4　　　　　　　　按月换算后的综合所得税率表

级数	全月应纳税所得额	税率（%）	速算扣除数（元）
1	不超过 3000 元的	3	0
2	超过 3000~12000 元的部分	10	210
3	超过 12000~25000 元的部分	20	1410
4	超过 25000~35000 元的部分	25	2660
5	超过 35000~55000 元的部分	30	4410
6	超过 55000~80000 元的部分	35	7160
7	超过 80000 元的部分	45	15160

对 2014 年 1 月 1 日前缴付的已经缴纳个人所得税的单位缴费和个人缴费部分，允许其从领取的企业年金中减除，就其余额按上述规定征税。在个人分期领取年金的情况下，可按 2014 年之前缴费金额占全部缴费金额的百分比减计当期应纳税所得额，减计后的余额，按上述规定征税。

不同企业年金领取方式，计税方法有一定差距，一般选择按年（月）逐年（月）领取的方式，税率相对较低。尽量避免一次性领取，尤其避免无特殊原因的一次性领取。

案例

【案例 2】某单位职工丙 2014 年前企业年金缴费金额为 30 万元（已按规定纳税），到 2022 年底，企业年金全部缴费金额为 50 万元，个人账户金额为 70 万元。2014 年之前的缴费金额占全部缴费金额的百分比为 30÷50×100%=60%。

（1）2023 年 1 月 1 日起，丙退休并选择按月领取 3000 元企业年金，则其应纳税所得额为 3000×（1-60%）=1200（元）。适用月度税率表计算纳税，1200 元适用月度税率表级数 1，每月领取时应缴纳个人所得税：1200×3%=36（元）。

（2）2023 年 1 月 1 日起，丙退休并选择按季领取 3 万元年金，则其应纳税所得额为 30000×（1-60%）=12000（元）。平均分摊计入各月，每月分摊额为 12000÷3=4000（元）。适用月度税率表计算纳税，4000 元适用月度税率表级数 2，按季领取时应一次性缴纳个人所得税（4000×10%-210）×3=570（元）。

（3）2023 年 1 月 1 日起，丙退休并选择按年领取 20 万元年金，则其应纳税所得额为 200000×（1-60%）=80000（元）。80000 元适用综合所得税率表级数 2 计算纳税，当年领取时应一次性缴纳个人所得税 80000×10%-2520=5480（元）。

（4）2023 年 1 月，丙出境定居而一次性领取，或其死亡由其指定的受益人或法定继承人一次性领取企业年金个人账户资金 70 万元，则其应纳税所得额为 700000×（1-60%）=280000（元）。280000 元适用综合所得税率表级数 3 计算纳税，一次性领取时应缴纳个人所得税 280000×20%-16920=39080（元）。

（5）2023 年 1 月，丙除上述特殊原因外一次性领取企业年金个人账户资金 70 万元，则其应纳税所得额为所有未纳税额，即 700000-300000=400000（元），适用月度税率表级数 7，一次性领取时应缴纳个人所得税 400000×45%-15160=164840（元）。

第六章
企业年金的投资

第一节 我国企业年金投资发展现状

(一)投资规模稳步提升

我国企业年金投资的发展主要分为五个阶段:试点探索阶段(2000—2005年)、规范启动阶段(2006—2009年)、快速发展阶段(2010—2014年)、蓄势盘整阶段(2015—2018年)、市场扩容阶段(2019年至今)。

党的十八大以来,以习近平同志为核心的党中央把社会保障体系建设摆在更加突出的位置,坚持全覆盖、保基本、多层次、可持续方针,推动我国社会保障体系建设进入快车道。通过人才计划、编外人员、中小企业三种方式进行企业年金扩面。2007—2023年,我国企业年金投资规模稳步提升(见图6-1)。人力资源和社会保障部公开数据显示,全国企业年金市场累计规模已从2007年的1519亿元增长至2023年的31873.96亿元,年均增长率接近21%。2007年,企业年金基金规模占GDP的比重为0.562%,2013年首次超过1%,2023年达到2.53%。

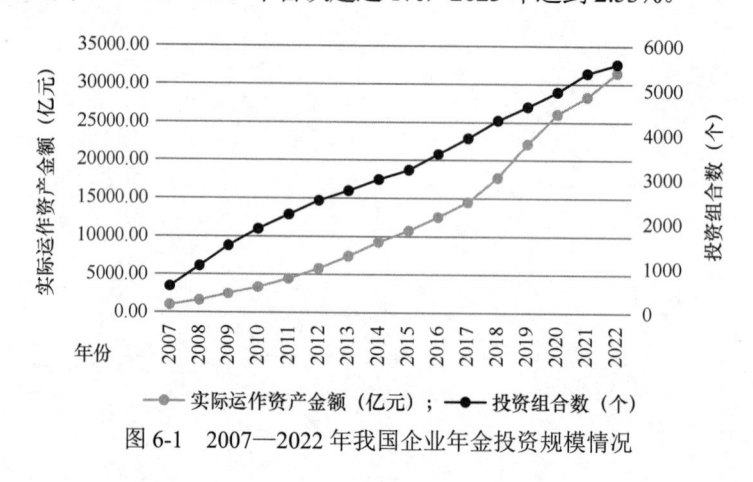

图6-1 2007—2022年我国企业年金投资规模情况

2007 年以来，我国企业年金基本情况表如表 6-1 所示，从表 6-1 可以看到，从 2018 年至今，我国企业的年金规模在逐年递增，并且保持在一个较高的增速，尤其是 2019 年和 2020 年，在累计基金基数规模如此庞大的时候，依旧能保持 10%左右的增速。参与企业数量、职工人数也都在不断增加，但相比全国工商登记的企业数量和劳动就业人口，企业年金仍有较大的发展空间。

表 6-1　　　　　　　　近 5 年我国企业年金基本情况表

时间（年）	企业数（个）	职工数（万人）	累计基金（亿元）	增速（%）
2019	95 963	2547.94	17 985.33	21.77
2020	105 227	2717.53	22 496.83	25.09
2021	117 529	2875.24	26 406.39	17.38
2022	128 016	3010.29	28 717.92	8.75
2023	141 728	3144.04	31 873.96	10.99%

（二）结构分布差异明显

截至 2023 年底，我国各省市在企业年金参与方面存在明显差距。全国共有 14 万多家企业参与了企业年金计划，参与人数超过 3000 万，参与资产总额达 31873 亿。从地域分布来看，北京、上海、广东等经济发达地区是主要参与企业年金的地区。2023 年，上海市有 11450 家企业参与企业年金计划，参与职工达 160 万人，企业年金基金总量为 1337.67 亿元。而同期西藏自治区只有 67 家企业参与企业年金计划，参与职工仅有 1.87 万人，企业年金基金总量仅为 18.05 亿元。从地区来看，东部地区的企业年金发展速度较中西部地区快。东部地区参与企业年金的企业数、职工数和资产总额分别占全国的比重高于中西部地区的总和。在行业分布方面，参与企业主要集中在国有企业，而中小民营企业的参与比例较低。国有企业的企业年金参与度明显优于中小民营企业和其他所有制企业。综上所述，目前我国企业年金的设立主要集中在国有企业，行业覆盖不够广泛，且地区发展不平衡。

（三）投资收益率波动性较大

尽管投资规模逐渐增大，但我国企业年金的投资收益率波动性相对明显。由于 2022 年股市调整的影响，整体收益率为负，而 2023 年整体市场表现依旧偏弱，整体收益率为 1.21%。2023 年，我国企业年金基金投资组合的收益率分布情况如表 6-2 所示。从表 6-2 中可以看出，2023 年仅有 263 个组合的收益率大于等于 4%。另外，有 1217 个组合的收益率介于 2%~4%，还有 2530 个组合的收益率介于 0%~2%，这些组合在 2023 年都实现了正收益。此外，还有 929

个组合的收益率为负数。2023年我国企业年金的样本组合数量和样本期末资产的主要占比都集中在0%~2%，这一区间的组合数量占比为55.39%，而未实现正收益的组合占比为17.89%。为了实现企业年金长期稳定的保值、增值，企业年金投资管理人需要时时关注市场形势，做好投资市场形势研及各类资产分析，适时进行资产配置调整，在权益市场表现较弱时加厚企业年金基金"安全垫"，从而在整体市场不乐观时保障年金基金安全。

表6-2　　　2023年我国企业年金基金投资组合收益率分布表

组合收益率（%）	样本组合		样本期末资产	
	数量（个）	占比（%）	总额（亿元）	占比（%）
$R \geq 4$	263	5.32	1416.14	4.69
$3 \leq R < 4$	563	11.4	3021.92	10.00
$2 \leq R < 3$	654	13.24	3636.50	12.03
$1 \leq R < 2$	919	18.61	8237.72	27.26
$0 \leq R < 1$	1611	32.62	8499.63	28.13
$R < 0$	929	18.81	5405.84	17.89
合计	4939	100	30217.76	100

注　1. 样本为投资运作满全年的所有组合，包括投资管理人管理的投资组合及受托人管理的受托直投组合。
　　2. 样本组合数和样本期末资产金额是指收益率在该区间的样本组合个数和这些组合期末资产净值之和。
　　3. 组合收益率R的计算方法为单位净值增长率。

第二节　企业年金投资的目标与原则

一、企业年金投资目标

随着企业年金体系的不断发展，明确投资目标成为制定投资政策和战略资产配置的首要因素。这些目标对确保投资政策的正确性、合法性和合规性至关重要，是保障企业年金基金投资价值保值增值的基础，也是企业年金基金投资管理工作的起点。

需要明确的是，企业年金体系的受益人并不具有一致的风险偏好。他们不仅在年龄上存在差异，还因财富、认知等多种因素导致了风险承受能力的巨大差异。根据木桶理论，我们必须考虑在风险承受能力最低的受益人中的偏好。此外，企业年金作为退休资产，明显倾向于安全性。为了在承担相对低可控风险的前提下实现相对绩效基准的长期合理超额收益,确立投资回报目标和绩效基准时,关键是既要考虑委托人的风险承受能力,又要考虑可操作性,以在投资目标和风险承受度之间取得平衡。

（一）风险目标

风险目标是企业年金投资的首要考虑因素。风险目标与投资者的风险承受能力密切相关,而投资政策必须明确企业年金基金的风险承受能力和水平。确定企业年金基金的风险承受能力时,需要从以下几个方面进行评估:①企业和职工对投资风险的偏好;②企业员工的年龄结构特征,包括在岗员工的年龄水平、年龄构成及在职员工与退休员工的比例;③企业的财务状况和盈利能力;④企业年金计划的流动性需求,即年金基金的转移和支出需求。

（二）收益目标

收益目标是企业年金投资的基本目标。作为一种长期完全积累型的养老金制度,企业年金管理的核心是保值增值企业年金资产,确保管理的可持续性,并努力实现客观收益。一般来说,企业年金基金从募集到待遇支付需要约30年的时间,这个时间跨度使得企业年金资产面临通货膨胀带来的购买力下降风险。如果企业年金不能通过有效投资稳定增值来抵御通货膨胀,待遇支付时参与人的福利待遇将会下降,违背了企业年金投资运作的初衷。因此,企业年金基金的保值增值目标必须考虑物价指数的影响,以战胜通货膨胀并消除购买力下降的风险。

（三）投资基准

投资基准是投资目标的具体表现形式,它是投资目标的一部分,应当与投资的风险和回报目标一致。

投资基准可以分为两大类:

第一类是业绩基准,它通常是绝对指标,经常用于主动投资策略。它反映了投资管理人在市场时机把握和证券选择方面的能力。这些基准通常来源于各种因素,如参加年金计划的员工平均到退休的年限、当前可投资的金额、未来可投资的金额及满足委托人投资目标所需的年化回报率。这被称为绝对基准指标。

第二类是相对基准,通常是指数。指数反映一组选定证券的综合表现水平,通常用于被动投资策略。这些基准衡量了投资管理人跟踪所选指数的能力。通

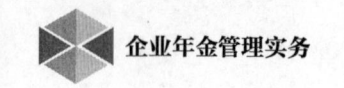

常情况下，投资基准可以参考某些市场常用指数或这些指数的加权组合。对于企业年金，常用的绩效基准可能包括类似银行存款利率、债券指数、通货膨胀率或企业年金指数的利率。这些基准既代表了企业年金基金投资的目标，也是评估投资绩效的依据。

二、企业年金投资原则

（一）风险收益权衡原则

风险收益原则要求企业年金投资人在运营企业年金时，必须在保证本金安全的前提下，追求资产收益的提高，并确保投资收益与风险相匹配。在投资决策中，投资人需要权衡收益和风险之间的关系。通过合理配置企业年金的投资组合，力求实现风险最小化和收益最大化，最大限度地保护投资人的权益。

（二）投资分散化原则

为了降低风险，不应将全部资产投资于同一个项目，而应该进行分散投资。根据马柯威茨的投资组合理论，通过将多种股票组成投资组合，其收益将是这些股票收益的加权平均数，而风险则会相对较小于这些股票的加权平均风险。因此，投资组合能够降低风险。企业年金新政对于投资的分散化做了有效的约束，包括限制同类别资产的投资比例及单一资产投资比例的限制等，促使投资管理人进行分散化投资从而降低投资风险。分散化原则不仅可以规避非系统风险，还能展现投资管理人的资本管理能力和增值服务能力。

（三）流动性原则

资产的流动性是指资产能够迅速变现的程度。衡量资产流动性的标准有两个方面：一是资产变现所需的成本，二是资产变现所需的时间。如果某项资产变现成本低且速度快，那么该资产的流动性就较高；反之，流动性较低。企业年金作为一种补充养老基金，投资时首要考虑的是本金的安全性。因此，企业年金投资管理人需要调整资产结构，确保适度的流动性，以便在面临市场风险或冲击时，能够迅速变现资产，保障企业年金资产的安全性。然而，较高的流动性也意味着较低的收益。

（四）货币时间价值原则

货币的时间价值指的是一定时间的投资和再投资后货币增值。一般使用无风险和无通货膨胀条件下的社会平均资金利润率来衡量。在企业年金进行投资选择时，必须考虑货币的时间价值因素。由于企业年金基金的所有权与使用权分离，基金所有人需要补偿资金使用权的让渡。此外，年金基金可能会直接或间接地投入生产中，实现资产的增值。随着时间的推移，循环和周转次数增加，货币的时间价值也会增加。如果企业年金基金闲置，就会存在机会成本，并且可能会因通货膨胀而贬值。因此，树立货币时间价值观念对于合理使用资金和提高投资经济效益非常重要。

（五）审慎性原则

企业年金基金的投资受到法律法规的限制，特别是新法规的出台，对企业年金基金的投资范围和资产配置等作出了严格的限制。当制定投资策略和战略资产配置时，受托人和管理人必须遵守这些规定。此外，企业年金基金还需要考虑委托人和受益人的特定投资要求。例如，投资者可能要求企业年金不要投资高污染、高能耗的行业。为满足这些要求，受托人必须明确定义养老基金运作中的限制条款，并相应地制定投资策略和战略资产配置。

第三节 企业年金投资工具

根据 2011 年 5 月 1 日起施行的《企业年金基金管理办法》（人力资源和社会保障部令第 11 号）的规定，企业年金基金的财产只能在境内进行投资。投资范围包括银行存款、国债、中央银行票据、债券回购、万能保险产品、投资连结保险产品、证券投资基金、股票及信用等级在投资级以上的金融债、企业（公司）债、可转换债（含分离交易可转换债）、短期融资券和中期票据等金融产品。2013 年 3 月，人力资源和社会保障部联合中国证券监督管理委员会（简称中国证监会）、中国银行监督管理委员会（简称银监会）和中国保险监督管理委员会（简称保监会）发布了《关于扩大企业年金基金投资范围的通知》（人社部发〔2013〕23 号），进一步将企业年金的投资范围扩大到商业银行理财产品、信托产品、基础设施债权投资计划、特定资产管理计划和股指期货，从而为企业年金投资"非标"产品开辟了新的渠道。2020 年 12 月，人力资源和社会保障部发布了《人力资源和社会保障部关于调整年金基金投资范围的通知》（人社部发〔2020〕95 号），允许通过股票型养老金产品或公开募集证券投资基金，投资港股通标的股票，而商业银行理财产品和特定资产管理不再属于可投资范围内。

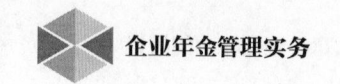

本节将对企业年金的各类可选投资工具进行详细的分析和论证。为了突出新政策下投资工具的特性，本节将在新政策之前可选的投资工具称为传统投资工具，以与新加入的可投资工具进行区分。

一、传统投资工具

（一）货币类投资工具

1. 银行活期存款

银行活期存款是商业银行的重要资金来源，存款人可以随时存取和转让而无须提前通知。它在整个货币体系中具有较强的派生能力。企业年金基金选择投资银行活期存款的风险较低，且具有良好的流动性。然而，由于我国实行存款利率上限管制，银行活期存款的投资收益容易受到经济周期的影响。自1996年我国开始实施利率市场化改革以来，我国逐步放开了货币市场和债券市场的利率管制，以促进金融机构的自主定价权，优化金融资源配置，并加强利率在宏观调控中的作用。尽管中国人民银行在2013年7月放开了贷款利率管制，但存款利率仍然受到上限管制的限制。

企业年金基金选择投资银行活期存款的主要目的是确保资金池的流动性。然而，由于我国存款利率尚未完全市场化，活期存款的收益较低。对于企业年金基金来说，特别是那些企业年金支付额度较小、职工年龄较低的基金，为了在保持适度流动性的同时获得更高的收益，应将更多的资金投资于其他收益较高的资产上。此外，选择活期存款投资并不能充分展现企业年金基金投资管理人的专业投资能力，也不能充分发挥企业年金基金投资的制度优势。

2. 货币市场基金

货币基金与其他开放式基金不同，主要投资于高流动性的工具，如协议存款、短期国债和回购等。它的收益相对稳定，安全性较高，被视为一种类似于储蓄的投资方式。通常情况下，货币市场基金可以获得高于银行定期存款利息的收益，同时保障本金安全，并且没有利息税。投资者可以随时赎回，在申请赎回后的第二天即可收到资金。因此，对于企业年金来说，可以将货币基金作为替代活期存款的流动性资产选择。这样既能保证适度流动性，又能获得高于活期存款的收益。货币市场基金规模的不断扩大为市场提供了更好的流动性管理方式，非常适合追求低风险、高流动性和稳定收益的企业年金基金投资。

3. 央行票据

央行票据也被称为中央银行票据，是由中央银行发行的短期债务凭证，用于调节商业银行的超额准备金要求。本质上，它们是一种中央银行债券。作为中央银行调整货币供应的政策工具，央行票据通常具有较短的到期期限。中央银行通常会根据市场情况，通过招标方式或价格招标方式发行这些票据。企业年金基金投资央行票据的风险与国债和银行存款的投资风险相似，因为它们受益于政府的隐性担保，几乎没有信用违约风险。

4. 债券回购

债券回购交易本质上是以债券为抵押的短期融资安排。在回购协议中，进行回购的一方将债券作为抵押物以获取资金，而出售债券的一方接受这些债券作为抵押，以换取借款资金。回购协议可以采用有担保或无担保的方式。在无担保回购中，债券的所有权发生了实质性的转移，资金提供方具有自由处置债券的权利。与有担保回购相比，无担保回购更加灵活，促进了市场流动性，并引入了做空机制。此外，投资者可以利用开放式回购进行短期融资以管理头寸并控制风险。债券是随时间升值的金融资产，而债券回购交易可以提高闲置资金的回报潜力。这些交易中用作抵押的债券通常是评级较高的金融或企业债券，剩余期限超过 5 年，具有较高的安全性、较强的流动性和有吸引力的回报。因此，对于企业年金基金，当存在过多的流动性资产时，考虑其时间价值和机会成本变得至关重要。如果将多余的流动性资金投资于债券回购交易，不仅可以提高投资组合的回报，还可以减轻投资组合的不匹配风险。

（二）传统固定收益类投资工具

固定收益证券在各类固定收益产品中占据了相当大的比例。这类金融工具的特点是持有人可以在特定时间内获得确定的收益，并且能提前知道收益的数额和时间，如固定利率债券和银行定期存款等。目前，我国有多种固定收益证券可供选择，包括国债，中央银行票据，同业存单，政策性、开发性银行债券，以及信用等级在投资级以上的金融债、企业债、公司债、可转换债、可交换债、（超）短期融资券、中期票据、非公开定向债务融资工具、信贷资产支持证券、资产支持票据、证券交易所挂牌交易的资产支持证券。

1. 定期存款与协议存款

我国的定期存款有不同的期限可供选择，最短为 3 个月，最长为 5 年。

一般而言，存款期限越长，利率就越高。目前，我国的定期存款利率实行上限管理，央行允许各家银行在基准利率的基础上上浮10%。定期存款可以提前支取或部分提前支取，但提前支取的利息按活期储蓄存款利率计算，因此流动性较差。

协议存款的存款期限一般较长，起存金额较大，利率、期限、结息付息方式、违约处罚标准等由双方商定。协议存款主要针对特定的中资金融机构，如保险资金、社保资金、养老保险基金等，可作为存款类金融机构的长期资金来源。协议存款不属于同业存款，应计入存贷比指标。此前，商业银行吸收协议存款的一个主要原因是原中国银行业监督管理委员会对存贷比的监管约束（2015年10月1日前，对存贷比的要求是75%，后已取消此硬性要求转为检测银行风险的指标），因此协议存款存在季节性波动，受存贷比的季节性效应影响较大。

随着我国存款保险制度的建立和政府的隐性担保，我国银行存款的风险几乎为零。目前，我国的定期存款利率由中国人民银行统一规定一个基准利率，各商业银行可以根据基准利率制定自身的存款利率，上浮比例不超过10%。相比于定期存款，协议存款可能是一个更好的选择。对于企业年金投资于协议存款，除国有五大银行外，其他股份制银行和地方城市商业银行等非系统重要性银行的协议存款，要求银行本身的资本充足率不低于11%，核心一级资本充足率不低于8%。对于其他银行的协议存款，应根据风险和收益进行权衡后再作出投资决策。

2. 中长期国债

中长期国债是指超过一年期限的国债，通常用于填补政府财政赤字。所筹集的资金主要用于公共项目和基础设施建设等大型投资项目，这些项目通常需要大量资金和较长的投资周期。因此，在可流通的国债中，中长期国债的发行量占比较高。我国的国债一般由财政部代表中央政府发行，享有国家信誉担保，安全等级高于其他债券。这使得中长期国债成为稳健型投资者，如企业年金的较理想选择。中长期国债的收益主要来自三个方面：发行者支付的利息、再投资收益及买卖价差。我国的国债投资收益率相对较为理想，而且国债还享有税收优惠待遇。因此，中长期国债是企业年金投资工具之一。

3. 金融债券

我国的金融债券是由金融机构发行的，主要用于解决金融机构资金来源不足和期限错配的问题。金融债券的信用通常较高，违约风险相对较小，具有较高的安全性。我国的金融债券主要由政策性银行发行，具有类似国债的性质。政策性银行通过计划派购的方式向其他存款类金融机构发行金融债券，以筹集信贷资金。自1999年开始，金融债券发行实行市场化招标方式，使其成为我国债券市场中规模仅次于国债的券种。

金融债券有固定利率、浮动利率和累进利率三种类型，我国主要发行长期固定利率的金融债券。由于金融机构在国家经济中具有特殊地位，并受到严格监管，因此金融债券的信用通常较高，违约风险相对较小，具有较高的安全性。因此，金融债券的利率通常低于一般企业债券，但高于风险更小的国债和银行储蓄存款利率。

对于风险承受能力较低的企业年金基金来说，选择金融债券投资既能提高基金收益，又能避免信用违约的风险。这是因为我国金融债券的发行主体一般具有准政府信用性质。

4. 企业（公司）债

在西方国家，企业债券通常被称为公司债券，因为只有公司才能发行。虽然企业债券和公司债券在定义上有一些区别，但除了发行人的身份不同，其他方面基本相同。本书将企业债券和企业发行的债券统称为企业债券。根据不同的分类标准，企业债券可以分为多种类型，如表6-4所示。

表 6-4　　　　　　　　　　企业债券的分类

分类标准	类　　别
债券期限	短期企业债券、中期企业债券和长期企业债券
债券有无担保	信用债券、担保债券
债券票面利率是否变动	固定利率债券、浮动利率债券和累进利率债券
债券是否记名	记名企业债券、不记名企业债券
债券可否提前赎回	可提前赎回债券和不可提前赎回债券
发行方式	公募债券、私募债券
投资者是否具有选择权	附有选择权的企业债券、不附有选择权的企业债券

注　我国短期企业债券的期限一般为1年以下，中期企业债券的期限为1年以上5年以下，长期企业债券的期限为5年以上。

企业债券的收益通常高于短期融资券和中期票据，因为公司债券可在交易所交易，其收益会有较大波动。对于没有担保的企业债券，存在逾期无法兑付的风险。因此，在选择投资企业债券时，了解债券所投资的项目非常重要，包括建设周期、管理效益和担保责任等因素，这些都会影响企业债券的到期兑付情况。由于评级制度不完善，发债企业的信息没有全面、准确地公开，投资人与企业之间存在信息不对称的问题。此外，地方政府的干预也会影响企业债券的到期偿还情况。总体而言，企业债券的风险大于国债和金融债。因此，在企业年金基金投资企业债券时，需要根据不同的策略组合，选择不同类别和信用等级的企业债券进行投资。

在选择企业债券投资时，企业年金主要参考企业债券的评级，不同评级对应不同的收益率。出于对企业年金的投资考虑，投资的企业（公司）债券的发行主体评级不应低于 AA 级，尤其是国有企业或具有国有资产背景的企业。同时，债项评级也不应低于 AA 级，以避免违约风险。上海证券交易所（简称上交所）公布的标准券上市交易后的折算率如表 6-5 所示。

表 6-5　　　　　　　上交所公布的标准券上市交易后的折算率

单位：%

主体/债券评级	无担保	非足额担保	足额担保
AA−/AA	0	0	85
AA/AA	70	75	95
AA+/AA+	75	85	95
AAA/AAA	95	95	95

注　如主体评级和债项评级不一致，按低评级折算；上市后折算率为 95% 的债券上市首日为 91%。标准券的折算率是指国债现券折算成国债回购业务标准券的比率。公布这一折算比率的意义在于：便于将不同国债现券折合成标准券，方便国债回购业务的开展，同时也促进了国债市场的完善和发展。

综上所述，对于企业年金投资运作者建议主要投资主体级别在 AA、AA+ 和 AAA 的国有企业发行或具有国资背景的主体所发行的企业债券（表 6-5，债券等级和对应的折算率），其投资收益率、信用风险、流动性都可以较好地满足企业年金的需要。

5. 可转换公司债券

可转换公司债券赋予债券持有人在指定条件和特定期限内，按预定价格将一定数量的债券转换为该公司的股票的权利。本质上，可转换债券为普通公司

债券增加了一个选项,允许购买者在规定的期间内将其债券转换为指定公司的普通股。可转换债券兼具权益和债务的特性,对于投资者而言,它们就像受保护的股票,适合企业年金基金进行投资。可转换公司债券的风险介于一般公司债券和普通股票之间,其估值波动性通常高于债券的波动性、趋同于股票市场的波动性,所以通常被赋予"类权益资产"的类别称谓。如果公司的业绩未达到预期,股价可能无法增长到足够高的水平,以弥补相对于普通债券的利息机会成本。企业年金基金在投资可转换公司债券时,应根据不同的经济条件和投资组合投资目标,经过对市场趋势、转换条件和影响公司股价的各种因素的深入研究,作出最有利于企业年金基金的选择。

6. 短期融资券

短期融资券是企业发行的一种无担保短期债券,它是通过银行间债券市场发行和交易的有价证券。根据《银行间债券市场非金融企业债务融资工具管理办法》,短期融资券是企业筹措短期资金的一种直接融资方式,其发行和还本付息都有一定的条件和程序。短期融资券的发行规模较大,发行利率较低,主要由银行间债券市场的机构投资者参与。

短期融资券的投资收益率通常高于活期存款利率甚至高于同期短期国债收益率。然而,投资短期融资券也存在信用违约的风险。目前,中国经济正处于转型阶段,尽管信贷规模的收缩导致一些企业的经营和资金周转不灵,出现了信用风险,但中国的实际经济增速仍远高于世界平均水平。随着经济的好转,企业违约风险有望降低。因此,企业年金基金可以适度配置信用评级较高(如AA+以上级别)的短期融资券,以提高企业年金投资组合的利率风险防御能力,并增加收益。

7. 中期票据

中期票据的期限通常在 3~10 年,它是一种经监管机构注册批准后,在注册期限内连续发行的公开发行债务工具。中期票据的最大特点在于发行人和投资者可以自由协商确定发行条款,如利率、期限及是否与其他资产价格或指数挂钩等。中期票据通常是无担保、无抵押的纯信用证券,对税收敏感度较高,但对流动性敏感度较低。

在我国,只有商业银行、农商银行、证券公司、基金公司、财务公司等机构投资者可以购买中期票据,其中商业银行是主要的投资者。未来,企业年金、保险等中长期投资者对中期票据的需求将会增加。由于中期票据在制定利率、期限等发行条款方面具有灵活性，它为投资者提供了量身定制的投资工具。作为大型机构投资者，企业年金基金在制定条款谈判方面具有优势。企业年金基金可利用中期票据投资的优势，优化资金配置，调整投资结构，获得更高的投资回报。

8. 债券型基金

根据中国证券监督管理委员会对基金类别的分类标准，如果基金资产的80%以上投资于债券，那么这种基金就被称为债券型基金。在国内，债券型基金主要投资于国债、金融债和企业债等固定收益类证券。债券基金的期限跨度较大，可以为开放式基金，也可以设计为有一定封闭期。债券通常为投资者提供固定的回报和到期还本，由于债券基金的投资品种集中于标准化债权资产，在不发生信用违约的情形下，具备稳定固定的投资现金流回报的特性，因此风险相对较低。与股票基金相比，债券基金具有收益稳定、风险较低的特点。企业年金在选择债券基金进行投资时，需要了解基金的持仓和投资风格，以更好地把握基金的风险和收益特征，从而满足企业年金的投资需求。

影响债券基金业绩表现的两个主要因素是利率风险和信用风险。利率风险指所投资的债券对利率变动的敏感程度，也称为久期。信用风险指债券发行人无法按时偿还本金和利息的风险。

（三）权益类投资工具

股票和股票基金等是权益类投资工具的主要代表。根据《关于扩大企业年金基金投资范围的通知》（人社部发〔2013〕23号）和《人力资源和社会保障部关于调整年金基金投资范围的通知》（人社部发〔2020〕95号），企业年金可以投资权益类产品，包括股票、股票基金、混合基金和股票型养老金产品、优先股、股权（试点）、港股养老金产品/港股基金（仅限于港股通标的）。这些投资的比例不能超过企业年金基金净值的40%。此外，企业年金基金不能直接投资权证，但如果通过投资股票、可转债等品种而获得权证，必须在权证上市交易后的10个交易日内卖出。

尽管权益类产品的发行规模远远小于固定收益类产品，但权益类产品对企业年金组合收益的贡献不可忽视。

1. 普通股股票

普通股是股份有限公司发行的一种证明股东持有股份的凭证，股东可以通过持有普通股来获得股息和红利。普通股是构成股份公司资本的基础。持有普通股的股东享有与公司经营管理、盈利和财产分配相关的同等权利，所获得的股息和红利也会随着公司经营利润的变化而变化。普通股的收益主要来自股息和资本利得。

从短期来看，普通股的投资风险较高，受利率和政策等因素的影响。然而，从长期来看，股票的投资收益率要高于固定收益类资产。随着时间的推移，股票投资损失的概率越来越小。当持有期超过 15 年时，股票的年均收益率的波动性将低于债券或票据的年均收益率的波动性，股票投资的损失率几乎为零。因此，对于注重长期投资的企业年金来说，可以选择适当的普通股进行投资，以提高投资组合的长期收益。

在企业年金基金投资时，应充分考虑我国股市的特点。为了提高收益，可以增加对增长较快的新兴产业、民营企业和中小企业的投资。而为了保持投资的稳健性，可以更多地考虑具有特殊技术优势、发展相对成熟且实力较强的企业。同时，股价增长相对稳定的蓝筹股也是不错的投资选择。

2. 优先股

优先股是一种相对于普通股而言具有优先权的股票。它在利润分配和剩余财产分配方面享有优先权。优先股有多种分类，包括累积优先股和非累积优先股、参与优先股和非参与优先股、可转换优先股和不可转换优先股、可赎回优先股和不可赎回优先股等。与普通股相比，优先股股东通常不参与公司的经营，不能退股，只能通过流通转让或赎回来变现。由于优先股市场规模较小，流动性相对较低。

优先股为投资者带来稳定的红利，但同时也存在一定的风险，如违约风险、再投资风险和流动性风险等。在 2008 年金融危机爆发后，优先股成为美国各公司筹集资金和政府挽救企业的主要方式之一。

3. 股票型基金

我国将股票型基金定义为投资于股票的基金资产占比超过 60% 的基金。股票型基金相较于其他类型的基金，其风险程度更高，同时预期收益也更高。一般而言，股票型基金的风险高于债券型基金和货币市场基金，但相对于直接投

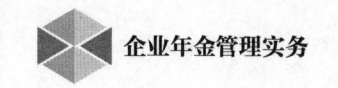

资股票市场，股票基金能够分散非系统风险，并且费用较低。从资产流动性的角度来看，股票基金具有良好的流动性和较高的变现性。

股票基金的投资对象和目的多样化，主要集中于具有较好流动性的股票。基金资产质量高，易于变现。对于投资者来说，股票型基金经营稳定，收益可观。股票基金的收益 方面来自资本利得，另一方面来自公司的股票红利。

随着我国金融市场的发展，基金公司数量不断增加，基金产品设计也越来越细化。这为企业年金提供了更专业化的服务和更丰富的投资工具。这些工具能满足不同风险偏好的企业年金基金投资需求，并进一步补充了不同市场环境特征下的投资工具。

4. 混合型基金

混合型基金的投资组合包括成长收益型股票和收益稳定的债券等固定收益类产品。它综合了股票型基金、债券型基金和货币市场基金的特点，并采用激进和保守的投资策略。混合型基金的回报和风险介于股票型基金和债券、货币市场基金之间，属于风险较高的基金类型。

二、新型投资工具

随着金融市场的不断发展，企业年金基金可以选择的投资工具也越来越多。根据现代投资组合理论，分散投资可以降低企业年金组合的非系统风险，并提供更多的选择机会。国外的投资经验表明，企业年金可以投资股权、债权、基金、信托等金融产品，也可以投资房地产、资产支持证券、风险项目、海外证券和衍生工具等。各类新型投资工具为企业年金基金投资提供了更多的选择。

（一）信托产品

信托产品是提升企业年金基金收益水平的关键。选择信托产品时，最重要的考虑因素是产品的安全性、收益性和流动性。此前，在"刚性兑付"的背景下，融资类信托的收益率主要取决于产品期限和产品资质，因此对产品风险的评估非常重要。但在刚性兑付逐渐被打破的情况下，对信托产品的投资也需更加谨慎。

目前，信托公司全面负责信托产品的风险管理，包括尽职调查、产品准入、风险控制和风险事件处理等方面。因此，在选择信托产品时，信托公司的风险控制能力和实力非常重要。首先，在信托兑付风险升级的情况下，建议企业年金基金首先选择由风控相对严格、实力较强的国企或具有政府背景的信托公司发行的产品。其次，要考虑融资方的信用水平和产品结构等因素。信托产品的信用风险主要取决于融资方的信用风险，因此应避开那些容易受政策影响而发生危机的信托产品。最后，根据投资人的资金配比和流动性需求选择产品期限。建议选择大约1~3年期的信托产品，这样可以兼顾收益、风险和流动性的需求。

（二）债权投资计划

债权计划作为一种收益凭证，由专业管理机构（如保险资产管理公司）作为受托人发行。根据约定的条件，所募集的资金以债权方式投资于基础设施项目，并按约定支付利息，基础设施债权计划交易结构安排如图6-2所示。基础设施债权计划适合那些追求本金保值和增值的企业年金基金，因为它们期限较长、回报较高、违约风险较小。在考虑投资基础设施债权计划时，通常选择偿债能力较强的实体发行的产品，以及经验丰富的保险公司所发行的基础设施债权计划，还需要仔细规划有效的风险分散策略。根据2020年《人力资源和社会保障部关于调整年金基金投资范围的通知》（人社部发〔2020〕95号），将不动产债券投资计划纳入投资范围，为年金基金投资提供了新选择。

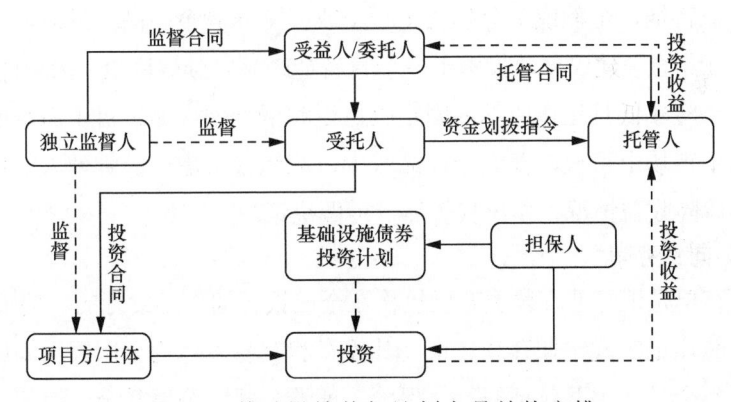

图6-2 基础设施债权计划交易结构安排

基于公益性质和政府背景的基础设施债权投资计划具有以下特点：期限相对较长、安全性有保证、现金流可预测、收益率较高。根据期限和收益情况来看，债权计划的期限在2~12年，其中7年期的计划最为常见，非常符合企业年金长期投资的需求。债权计划的发行利率通常是商业银行同期贷款基准利率

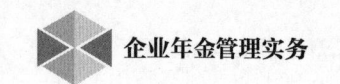

下浮一定比例，因此收益率低于商业银行同期贷款利率。基础设施债权计划由于期限较长、收益较高，违约风险较低，因此非常适合追求保本增值的企业年金进行投资。通过这类投资工具，一方面，可以积累安全垫；另一方面，可以降低投资组合收益的波动性。

（三）养老金产品

养老金产品是由企业年金基金投资管理人发行的，专门为企业年金基金定向销售的标准投资组合。养老金产品的管理运作方式类似于公募基金，管理人在收到产品备案确认函后会在网站上公开产品信息。不同的年金组合可以根据自身需求申购或赎回养老金产品，产品的管理人会按照份额法进行核算。配置养老金产品具有以下优势：①与同类公募基金相比，养老金产品具有低费率和稳健的风格；②对于小型计划和组合来说，养老金产品具有规模优势，可以改善资产配置和品种选择方面的不足；③投资专门型养老金产品相比直接投资具体品种，可以简化投资程序、降低风险、优化估值和提高资产流动性，有利于提升组合配置水平。

在选择养老金产品进行投资时，首先，要考虑企业年金投资期限，并选择与之风险收益要求相匹配的养老金产品类型。其次，可以根据自身的投资策略和风险收益特征，全额或部分投资于一个或多个养老金产品。最后，对于规模较大的企业年金，建议分散投资于多个养老金产品以分散风险。在品种选择上，建议选择风险较低且运作成熟的固定收益型和混合型产品。对于新增的新类型产品，由于市场上可选的养老金产品较少，应综合考虑产品管理人的信誉和投资项目的风险收益情况，作出权衡后，再做决策。

（四）同业存单

同业存单是银行业存款类金融机构在全国银行间市场发行的，期限在1年以内的可转让记账式定期存款凭证。其投资和交易主体为全国银行间同业拆借市场的各类会员（主要包括银行、保险、证券公司、公募基金、信托、财务公司等同业金融机构），其期限一般在1年以内。同业存单具有以下优点：安全性高，同业存单基金主要配置外部主体评级在AAA级（含）以上的固定收益类品种，信用评级高、发行方通常实力雄厚、财务稳健、整体违约风险小。流动性好，同业存单指数基金买入时不收取申购费，并且基金持有满7天即无赎回费，因此相比普通固收基金的费率成本更低，能满足流动性需求。

（五）股指期货

股指期货是一种金融工具，于 20 世纪 80 年代的金融创新中崭露头角，如今已成为全球金融期货市场中最活跃的品种之一。它是一种标准化合约，以某一股票价格指数为基础，在交易所上进行交易，并约定在未来特定时间以约定价格进行结算。股指期货具有以下特点：以股票综合价格指数作为交易对象；采用保证金交易制度，具有高杠杆性；能规避系统性风险；可用于套期保值等策略。投资股指期货的策略主要包括套期保值、套利和投机，其中套期保值可分为多头和空头套期保值，套利可分为期限套利、跨期套利和跨市场套利，投机则包括买空和卖空交易。

股指期货与现货市场存在高度相关性，股票市场的价格变动能迅速在股指期货市场上得到反映。因此，股指期货为企业年金基金投资组合提供了便捷的资产组合管理工具。投资管理人可以通过运用股指期货来调整投资组合的风险敞口，以更好地实现预定的目标和要求。除对冲股票投资风险、稳定收益和改善资产配置外，参与股指期货还能促进企业年金基金投资产品的创新和业务拓展。例如，可以设计基于股指期货和股票组合的新型养老金产品，用于锁定风险和收益；或者运用股指期货合成结构化保本型产品和绝对收益型产品等，以更好地满足企业的多方面需求。

然而，企业年金基金必须始终将资金安全性放在首位。股指期货作为金融衍生产品，虽然可以对冲风险，但也具有高风险。由于股指期货的杠杆性，微小的价格变动可能导致企业年金基金权益价值的大幅波动，甚至可能造成较大的投资损失。此外，结算风险、流动性风险、操作风险、信用风险、市场风险、运作风险和法律风险等也需要加以防范和控制。因此，企业年金基金在参与股指期货交易时需要谨慎。在充分了解股指期货特性和交易流程，并对投资风险进行严格防范和控制的前提下，可以考虑有条件地参与股指期货交易。同时，企业年金基金的性质决定了其在股指期货交易中的策略与机构投资者不同，更适合采用套期保值策略来规避风险。

（六）国债期货

国债期货是指通过有组织的交易场所预先确定买卖价格并于未来特定时间内进行钱券交割的国债派生交易方式。国债期货属于金融期货的一种，是一种高级的金融衍生工具。它是在 20 世纪 70 年代美国金融市场不稳定的背景下，为满足投资者规避利率风险的需求而产生的。国债期货具有以下特点：国债期货交易不牵涉债券所有权的转移，只是转移与这种所有权有关的价格变化的风险；其交易必须在指定的交易场所进行。期货交易市场以公开化和自由化为宗旨，禁止场外交易和私下对冲；所有的国债期货合同都是标准化合同。国债期货交易实行保证金制度，是一种杠杆交易；国债期货交易实行无负债的每日结算制度。国债期货价格变动主要受到以下因素影响，包括货币政策、经济环境、通货膨胀、股市变动等。货币政策对利率直接造成影响，从而对国债期货造成影响，宽松的货币政策造成利率下行，从而有利于国债上行，反之紧缩的货币政策导致国债下行压力大。而实体经济的向好与下行、通货膨胀与通货紧缩，也会对货币政策带来影响，从而与货币政策共同对国债带来影响。股市通常与国债形成较强的轮动关系，当股市表现良好时，投资者通常会选择加大资金配置，从而对国债形成压力；而股市表现低迷时，则会配置风险较低的国债市场，有利于国债上行。

（七）资产支持证券

资产支持证券（asset-backed security，ABS）是指发起人把若干笔资产进行捆绑组合，构造一个资产池，然后将资产池出售给一家专门从事该项目基础资产的购买，并发行资产支持证券的特殊目标机构（special purpose vehicle，SPV），SPV 以购买到的资产为基础发行证券，并委托发起人处置资产，资产处置形成的现金回流用于向证券购买者支付证券本息。资产证券化的主要程序包括构造资产池、设立特殊目标机构、出售资产、信用评级、证券发行和支付证券本息。资产支持证券是在西方国家融资证券化、直接化的金融大环境下应运而生的，最早出现在 20 世纪 70 年代的美国金融市场。资产支持证券对提高资产流动性、分散信用风险、推动金融市场发展起到了积极作用。ABS 具有担保物品的保护而使得其信用增级，从而降低其风险性；且 ABS 涵盖不同行业各个领域，可以使投资领域更加多样，也可以使投资组合更加多元。

第四节　企业年金投资策略概述

投资组合的特点因投资者而异，需要根据每个投资者的具体情况来确定。投资者应根据自身的风险偏好、可用资金、投资期限和投资目标等因素来规划投资目标,并结合当时的经济环境和市场行情来确定不同资产的投资比例。

任何一种投资组合的决策都是基于对投资目标、原则政策和宏观经济环境的分析。因此,在确定企业年金投资组合时,首先应考虑其投资目标、原则和宏观环境。在对前述三个方面因素综合考虑、充分分析的基础上,进一步讨论企业年金的具体投资组合安排。

一、投资策略的内涵

投资策略是根据投资需求将资金分配在不同资产类别之间的行动。通常情况下,投资策略会在低风险、低收益证券和高风险、高收益证券之间进行资产配置。在国内资产管理行业中,投资策略包含两个层次的含义,即长期投资策略和策略性或战术性资产配置。

长期投资策略主要基于投资者的投资收益目标、风险偏好和流动性要求等约束条件,确定在主要资产类别上的长期配置。对于机构投资者而言,战略资产配置政策主要由管理资金的性质决定。而对于个人投资者而言,除了个体差异,资产配置政策主要受生命周期理论的影响。生命周期理论指随着个人投资者年龄的变化,其财富积累能力、风险偏好、投资目标和约束条件等也会发生变化。因此,在资产配置上需要根据投资者所处的生命周期阶段,匹配不同的投资策略和配置策略。

战术性投资策略是指在不同经济周期阶段或受宏观经济政策等影响下,各大类资产的表现会有很大差异。因此,应根据对经济形势和政策的判断,适度增加看好表现的资产,减少不看好表现的资产。其中,美林投资时钟理论是最著名的理论之一。该理论认为各主要资产在经济周期的不同阶段具有不同的表现。因此,在进行资产配置时,应根据对经济周期所处阶段的判断,超配在对应周期阶段表现可能最优的资产,以取得更好的投资效果。实际上,战术资产配置更多的是一种择时的操作。

二、企业年金投资的宏观分析框架

(一)美林投资时钟理论

企业年金计划的投资者在选择投资工具时,必须考虑宏观经济形势,因为宏观经济的波动极大地影响着这些投资工具的收益率走势。因此,企业年金资产的配置需要根据宏观经济走势适时调整，以确保企业年金投资收益的稳定性。

美林公司将宏观经济周期分为衰退期、复苏期、过热期和滞胀期四个时期，并在分析不同经济形势下的投资品种时采用了超过30年的经济数据进行统计分析。他们发现，不同的宏观经济周期阶段对应着表现超过整体市场的特定资产类别和行业。基于这一发现，投资者可以根据宏观经济所处的周期阶段选择相应的投资类别，以获得最优的投资保值增值回报。这就是著名的美林投资时钟理论，如图6-3所示。

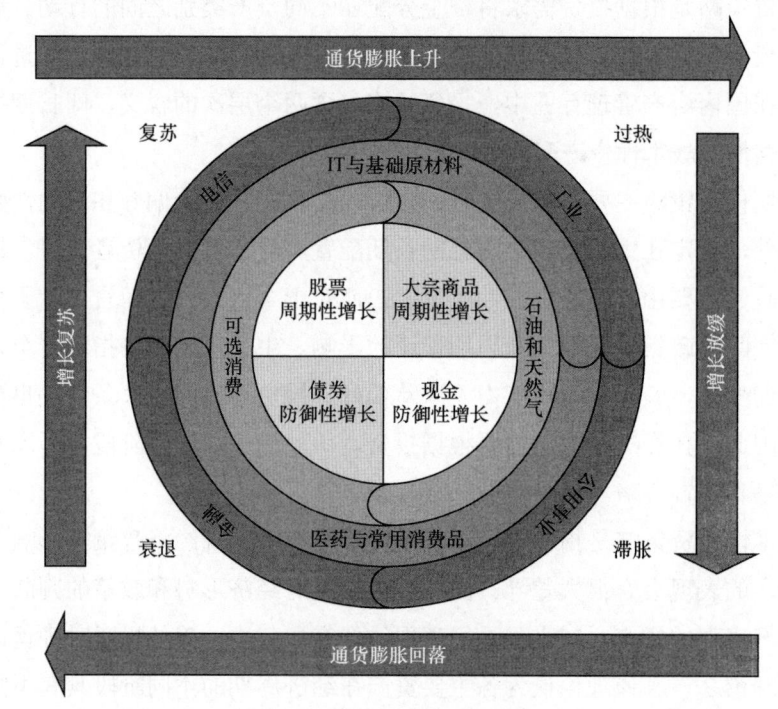

图6-3 美林投资时钟理论

根据美林投资时钟理论，投资标的可以分为股票、债券、大宗商品和现金。通过对宏观经济周期的分析，投资者可以确定不同阶段表现优异的资产类别和行业，从而进行相应的资产配置。这种大类资产及行业配置呈现出一种规律，即宏观经济周期的每个阶段都对应着表现超过整体市场的某一特定资产类别和行业。投资者可以根据这一规律，选择适合当前宏观经济周期阶段的投资类别，以获取最佳的投资回报。

美林投资时钟理论是一个非常实用的指导投资方法，它将资产、行业轮动、债券收益率曲线及经济周期四个阶段联系在一起。通过分析投资时钟的框架，投资者可以识别经济周期的重要转折点，并在正确识别经济增长的拐点后通过转换资产来实现盈利。

根据经济增长和通货膨胀状况，投资时钟将经济周期划分为四个不同的阶段，即衰退、复苏、过热和滞胀。投资时钟以圆圈的形式呈现，经典的繁荣—衰退周期从左下角开始顺时针转动。每个阶段由相对于趋势的经济增长方向（如经济复苏和经济衰退）和通货膨胀方向（通货膨胀上升和通货膨胀下降）两个指标来定义。经济增长和通货膨胀是时钟的驱动力，经济增长率指向南北方向，通货膨胀率指向东西方向。

（二）经济周期与资产选择

美林投资时钟与经济周期各阶段的特点密切相关，具有重要的指示作用。在复苏阶段，由于经济刺激政策的实施，GDP增长加速，企业盈利能力回升，这是股票投资的最佳时机。在过热阶段，企业盈利增速放缓，通货膨胀水平上升，央行逐步收紧刺激政策，债券投资的风险显现，而股票投资受到利润增长和估值评级下降的影响。这个阶段最适合投资大宗商品。在滞胀阶段，高增长的GDP难以为继，企业盈利受到冲击，股票市场表现糟糕，但大宗商品、居民消费领域和工资的轮番推动将导致通货膨胀进一步恶化，债券市场也将受到货币政策的打压，此时持有现金资产是最理想的投资配置。到了衰退阶段，经济增长基本停滞，企业盈利微弱，需求下降，产品供过于求导致通货膨胀率下降，央行将采取宽松货币政策刺激经济，金融市场收益率曲线下行，此时债券资产成为最佳投资选择。只有确定了经济所处的阶段，我们才能进行大类资产的配置，否则企业年金可能会面临短期投资收益较高但长期收益不理想的情况。

第五节　企业年金的投资策略选择

在前文中，已经讨论了企业年金投资运营的基本目标是实现收益，保值增值。从长远来看，企业年金作为一种长期资金，可以承受一定的短期风险。但参加企业年金的广大职工，由于其年龄、在职或退休状况、资金需求等因素，可能对短期的亏损非常敏感。因此，企业年金运营，安全保本的投资理念非

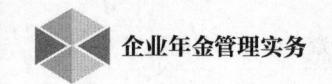

重要。为了更好地适应市场变化的趋势并满足客户需求，根据企业年金参与者的风险偏好程度不同，通常将企业年金投资策略大致分为以下五种类型，即绝对收益型、固定收益型、稳健增长型、保本增值型和积极进取型。

一、绝对收益型投资策略

（一）投资管理目标

在符合新的政策法规的条件下，这类策略组合通过对宏观经济、通货膨胀、利率政策和项目信用风险等进行深入研究，利用有效管理固定收益债权类产品的久期水平、期限结构和类别配置，在确保企业年金资产本金安全的基础上，努力实现较高的稳定收益。

（二）投资范围与比例

该策略在确保企业年金组合流动性的基础上，将大部分资产投资于具有较好收益保障的固定收益类产品。具体的配置比例如下：

（1）流动性资产，包括活期存款、央行票据、债券回购和货币基金等，占组合资产净值的5%以上，重点可以考虑投资具有较高收益的货币基金和债券回购。

（2）非市值波动的产品，包括协议存款、信用等级在AA+（含AA+）以上的基础设施债权计划和信托、固定收益型养老金产品等，占组合资产净值的80%以上。其中，以协议存款、基础设施债权计划、信托产品等具有固定收益的产品为主，投资信托产品、债权投资计划，以及信托产品型、债权投资计划型养老金产品的比例，合计不得高于投资组合委托投资资产净值的30%。

（3）不直接从二级市场购买股票、权证和可转债等，但可以使用不超过组合资产的15%参与一级市场新股的申购、增发和可转债的申购。所申购的股票或债券需在上市10个交易日内卖出。

（三）投资策略

绝对收益型策略主要追求长期稳定的绝对收益，不易受市场利率波动的影响。由于该策略主要投资于非市值波动产品，且一般情况下长期持有直至到期，因此收益相对稳定。在利率上升时，债券价格通常会下跌，但由于该策略的投资组合主要以持有至到期为主，因此买入时点的选择非常重要，即"择时操作"至关重要。在不考虑违约的情况下，如果买入时利率较高，则到期时可以获得较高的收益；如果买入时利率较低，则到期时获得的收益也相对较低。

基于对经济周期的分析，结合宏观政策方向和收益率曲线，采取相对被动的投资组合管理方式，以获得稳定的固定组合投资收益。该策略主要通过资产配置和行业配置策略，结合宏观经济因素、市场估值因素、政策因素和市场情绪因素等，分析各类资产的市场趋势和收益风险水平。在具备足够多预期风险可控、收益率良好的投资标的时，优先考虑非市值波动的协议存款、银行固定收益理财和期限较短的基础设施债权计划等。此外，除了以上投资策略，还可以通过其他信托、特定资产管理等固定收益的投资策略，在企业年金组合风险可控的条件下，增强整体收益。

（四）业绩比较基准

该策略组合的业绩比较一般会以同期银行 3 年期定期存款基准利率为基准进行。由于该策略组合主要投资于安全性较高的非市值波动固定收益类资产，并以持有至到期为目标，所投资项目以中长期项目为主。同时，银行 3 年期定期存款基准利率基本上能超过通货膨胀率，因此将同期 3 年期银行定期存款基准利率作为比较基准是合理的选择。

（五）风险收益特征

该组合主要配置非市值波动类资产，通过选择适时的证券并持有以追求绝对收益为目标，适合于低风险保守投资者选择。该策略的最大优点在于到期可以获得绝对收益，并且整体组合对市场波动的敏感度较低。

二、固定收益型投资策略

（一）投资管理目标

在符合相关法律法规和政策要求的前提下，该策略组合通过深入研究宏观经济、通货膨胀、利率政策和信用风险等因素，有效管理债券久期水平、期限结构和类属配置，以保证基金资产本金的安全性和资产的高流动性为基础，力求实现稳定收益，超过基金业绩比较基准。

（二）投资范围与比例

该策略的投资范围主要包括以下固定收益类产品，以确保较好的收益保障。

（1）流动性资产，如活期存款、央行票据、债券回购和货币基金，占组合资产净值的比例不低于5%。

（2）市值波动类固定收益产品，包括国债、金融债、信用等级在 AA+（含 AA+）以上的公司债、企业债、短期融资券、中期票据和债券基金等，占组合资产净值不高于 55%。其中，信用债合计不高于组合资产净值的 30%，利率债合计不高于组合资产净值的 15%，债券基金不高于组合资产净值的 10%。

（3）非市值波动类固定收益类产品，包括定期存款、协议存款、基础设施债权计划等，投资比例不低于组合资产净值的 40%。其中，信托产品、基础设施债权计划以及信托产品型、债权投资计划型养老金产品投资比例合计不高于组合资产净值的 30%。

（4）不直接投资股票、权证和可转债等二级市场产品，也不直接参与一级市场新股申购、新股增发和可转债申购。

（三）投资策略

该策略的主要目标是追求长期的固定收益。通常情况下，在经济不景气、投资收益较低时，这种策略具有吸引力。而在经济繁荣时期，大部分资产的收益率较高，采用这种投资策略可能导致企业年金的盈利能力下降，不像其他投资项目那样具有更高的收益率。因此，该策略主要适用于预期经济不景气、市场利率下行的宏观经济环境。

该策略基于中长期利率趋势分析，通过利率分析策略、久期管理策略、类别配置策略、存款类资产投资策略、信用债投资策略、非公开定向债务融资工具投资策略和流动性管理策略等，结合经济周期、宏观政策方向和收益率曲线分析，采取相对被动的方式管理债券投资组合，以获得较为稳定的债券组合投资收益。

（四）业绩比较基准

该策略组合的业绩比较基准通常为年通货膨胀率加上一年期定期存款税后利率。由于该策略组合主要投资于安全性较高的固定收益类资产，固定收益类资产的收益受利率因素的影响较大。通货膨胀率可以被视为货币资金的贬值速度，实际投资收益率应该是名义收益率扣除通货膨胀率后的结果。定期存款利率可以被视为货币资金在一年期间的时间价值，只有当企业年金的投资收益超过年通货膨胀率和一年期定期存款税后利率之和时，才能实现真正的收益。通货膨胀率以国家统计局每年公布的消费者物价指数（consumer price index，CPI）为准，定期存款利率参考央行公布的最新基准利率。

（五）风险收益特征

该组合不直接投资于股票、股票基金等权益类资产，而是选择投资于银行定期存款、协议存款、债券等固定收益类产品，以及活期存款、货币基金等流动性资产。这种投资策略具有低风险和稳定收益的特点。通常在经济不景气、投资收益较低的时候，这种投资策略更具吸引力。然而，在经济繁荣时期，大部分资产的收益率较高，采用这种策略可能会导致企业年金的盈利能力下降。换句话说，与其他投资项目相比，这种策略的收益率较低。此外，这种投资策略还依赖于国家投资政策的规定，以确保投资能实现真正的实际收益率。

三、稳健增长型投资策略

（一）投资管理目标

在符合相关法律法规和政策要求的前提下，通过对宏观经济和资本市场运行趋势进行前瞻性研判，预测未来利率水平及其变化趋势，以寻找货币市场工具和标准化固定收益类资产的投资机会。在严格控制投资风险的前提下，致力于确保企业年金基金账户资产的安全和无亏损，并运用灵活、积极的管理手段，以实现委托资产收益的稳健增长。

（二）投资范围与比例

稳健增长型投资策略的投资范围主要包括以下几个方面：

（1）流动性资产类：包括活期存款、货币基金、债券回购、央行票据等，投资金额不低于组合资产净值的 5%。其中，用于申购新股和债券回购的资金总额不超过组合资产净值的 20%。

（2）市值波动类固定收益产品：包括国债、金融债、企业债、公司债、可转债、短期融资券、中期票据、债券基金等，投资金额不低于组合资产净值的 40%。其中，可转债的投资金额不超过组合资产净值的 10%，债券基金的投资金额不超过组合资产净值的 10%。

（3）非市值波动类固定收益产品：包括银行定期存款、协议存款、基础设施债权计划等，投资金额不超过组合资产净值的 40%。其中，信托产品、基础设施债权计划，以及信托产品型、债权投资计划型养老金产品投资比例合计不高于组合资产净值的 20%。

（4）非固定收益类金融品种：不直接投资于二级市场股票、权证等权益类

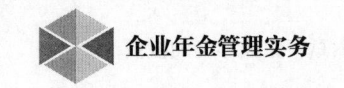

资产,但可以投资于一级市场新股申购、股票增发及持有可转债转股所得的股票等非固定收益类金融品种。持有的权证应在上市可交易后10个交易日内卖出。上述非固定收益类金融品种的投资总额不超过组合资产净值的20%。

(三) 投资策略

该投资策略组合主要投资于固定收益和较安全的股权产品。在市场环境不佳时,可以投资流动性资产和较安全的固定收益产品。而在市场环境好转时,会增加对非传统产品、新股申购和股票增发等股权产品的投资。因此,该策略适用于经济处于徘徊时期,投资者对中长期市场表现不确定或市场走势不明朗的情况。企业年金投资者可以根据需要及时调整投资组合的配置。

通过对宏观经济趋势、国家宏观调控政策、行业和企业盈利及信用状况的动态分析,以及债券市场和股票市场的估值水平和预期收益等因素,制定大类资产配置策略、固定收益类投资策略(包括久期配置、期限结构配置、类属配置、信用类债券、回购放大和可转换债券投资等)、权益类投资策略(包括一级市场股票投资和权证投资),以及货币市场工具和债券投资组合构建等组合构建策略。在确定投资范围内,制定流动性资产、固定收益类资产和权益类资产的配置比例,并定期或不定期跟踪各种影响资产配置策略的因素的变化,进行大类资产配置比例的调整。

(四) 业绩比较基准

该策略组合的业绩比较常常以中国债券综合全价指数为基准。该指数由中央国债登记结算有限责任公司编制,包含广泛的样本债券,涵盖主要交易市场(如银行间市场和交易所市场)、不同发行主体(如政府和企业)及各种期限(如长期、中期和短期),能够全面反映中国债券市场的价格水平和变动趋势。该指数的时间序列数据更加完整,有利于深入研究和分析市场。考虑指数的权威性、代表性及编制方法与该策略的投资范围和理念相匹配,常会选择中国债券综合全价指数作为业绩比较基准,该指数在市场上得到广泛认可。

(五) 风险收益特征

根据以安全为首要考虑因素的年金投资原则,该策略组合主要投资于固定收益类产品和相对安全的权益类产品。在市场环境不佳时,可将投资于流动性资产、国债、金融债及具有担保性质的公司债和企业债等,以确保本金的安全。而在市场环境向好时,则增加对信用债、可转债和非标资产的投资,以追求高额收益，从而实现企业年金组合的保本增值目标。该产品属于风险较低的品种，适合投资期限较长、对本金安全要求较高，并且希望获得一定收益的职工选择。

四、保本增值型投资策略

（一）投资目标

该策略首先综合考虑宏观经济形势、央行货币政策和短期资金市场状况等因素，对短期利率走势进行判断，并形成动态预期。然后，根据恒定比例投资组合保险机制，进行资产配置，以确保本金在到期时的安全，同时努力实现基金资产的增值。

（二）投资范围与比例

根据中国宏观经济状况和证券市场的阶段性变化，根据投资组合保险机制动态调整安全资产（如债券、货币市场工具等固定收益资产）和风险资产（如股票、权证等权益资产）的投资比例。具体规定如下：

（1）流动性资产（如活期存款、货币基金、债券回购等）的投资比例不低于组合资产净值的5%。

（2）权益类风险资产（如股票、股票基金、混合基金等）占组合资产净值的比例不超过20%。

（3）安全性资产（如国债、金融债、信用等级在AA+（含AA+）以上的企业债、公司债、短期融资券、中期票据及债券基金等）占组合资产净值的比例不低于75%。其中，以定期存款、协议存款、企业债、基础设施债权计划等稳定收益的安全性资产为主。

（三）投资策略

本策略秉持保本增值的投资理念，将债券投资的潜在收益与基金前期已实现收益作为后期投资的风险损失限额。通常按照恒定比例投资组合保险（constant-proportion portfolio insurance，CPPI）的机制进行资产配置，以确保本金安全和资金流动性，并实现保本和增值的目标。在经济形势明朗且预期未来利率上升的情况下，企业年金投资者将倾向于增加对风险较高的股权类产品和收益较高的固定收益产品的投资，并随着预期的增强，逐步放大风险乘数。

该策略采用恒定比例投资组合保险策略（CPPI）来实现保本和增值的目标。恒定比例投资组合保险策略不仅可以最小化基金保本期到期日基金净值低于本

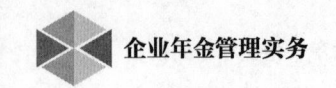

金的概率，还可以在一定程度上使保本基金受益于股票市场在中长期内整体上涨的特点。

CPPI 是一种国际通行的投资组合保险策略，通过数量分析根据市场波动来调整和修正风险资产的可放大倍数（风险乘数），以确保投资组合在一段时间后的价值不低于预设的目标价值，从而达到保值增值的目标。在管理基金资产的放大倍数方面，委托人可以要求投资管理人的研究团队根据 CPPI 数理机制、历史模拟和当前市场状况定期提供保本基金资产配置建议报告，给出合理的放大倍数上限建议，供企业年金理事会或委托人参考进行基金资产配置。

CPPI 的投资步骤分为：①基于 CPPI 策略计算防守垫大小，根据市场波幅的历史数据和未来展望，给出最大放大倍数，并形成相应的报告提交给企业年金理事会或委托人；②企业年金理事会或委托人根据报告确定股票投资比例上限，并下达给基金管理人；③基金管理人在股票投资比例上限内进行股票和债券的组合管理。

（四）业绩比较基准

该组合的业绩比较基准一般选取与保本周期相同期限的银行定期存款税后收益率，如 3 年期银行定期存款税后收益率。

该策略是一种保本型策略，设定了保本期限，并以同期限银行定期存款税后收益率作为基金的业绩比较基准。这样做的目的是使基金投资者能判断基金本身的风险收益特征，并与类似投资期限的银行定期存款进行比较。

（五）风险收益特征

该策略旨在积极把握股票、债券等市场的发展趋势。从长期来看，该策略不仅可以实现固定收益资产的稳定增值，还可以分享股票市场的高成长。在保证本金不受损失的前提下，该策略追求较高的绝对回报，并实现投资组合资产的持续增值。该策略属于企业年金基金中的中风险中收益品种，适合风险承受能力中等的投资者，尤其适合那些希望获得高收益的投资者选择。

五、积极进取型投资策略

（一）投资管理目标

该策略的投资目标是在严格控制风险的基础上，通过分散投资于回报较高、期限较长、风险较高的资产，重点选择高成长性的优质企业进行投资，并通过灵活的资产配置，增加投资组合的超额收益，以实现长期资产增值的目标，为企业年金带来稳定增值。

（二）投资范围与比例

该策略是一种混合型基金，投资标的为具有良好流动性的金融工具，包括国内依法公开发行上市的各类股票、债券、短期金融工具、权证、股指期货及中国证监会允许基金投资的其他金融工具。该策略的投资组合比例如下：

（1）股票、股票基金、混合型基金、股票型养老金产品等权益类产品的投资比例不超过组合资产净值的30%。其中，投资于业绩优良且能够稳定增长的上市公司股票和具有较大成长潜力的上市公司股票的资产合计不低于权益类资产的80%。

（2）银行定期存款、协议存款、国债、金融债、企业债、公司债、可转债、债权计划、债券基金等固定收益类产品的投资比例不低于组合资产净值的60%。

（3）活期存款、央行票据、货币基金、债券回购等流动性资产的投资比例不低于组合资产净值的10%。

（三）投资策略

通过资产配置、股票投资策略、风险管理、债券投资、股指期货投资等策略，考虑股票市场随着经济基本面的变化呈现周期性波动，该策略秉承价值投资的理念，通过灵活主动的投资操作，充分挖掘受益于中国经济增长的企业的核心价值，把握优质成长企业的投资机会，寻求被低估的证券的价值。风险控制是实现投资目标的保障，该组合强调风险管理，通过策略性的持股来创造收益，并动态配置以控制风险，以追求较高的绝对回报。

（四）业绩比较基准

该策略的业绩比较基准通常为中国债券综合指数（全价）的收益率乘以75%，再加上沪深300指数的收益率乘以25%。

中国债券综合指数是由中央国债登记结算有限责任公司编制的中国全市场债券指数。该指数包括了除美元债、资产支持证券和部分在交易所发行上市的债券外的所有债券，且待偿期在一年以内的债券也被纳入样本债券范围。该指数能较好地反映债券市场的整体状况。中国债券综合指数的样本债券范围与该策略可投资的债券类别基本一致，并且该指数具有较长的时间序列，有利于对债券市场进行深入的研究和分析。

沪深 300 指数由中证指数公司编制并发布，该指数的样本覆盖了沪深两地大部分流通市值。指数的成分股均为 A 股市场中代表性强且流动性高的主流投资股票。沪深 300 指数能反映中国证券市场股票价格的变动情况，适合作为该策略权益类资产投资的业绩比较基准。

（五）风险收益特征

该投资组合是一种以债券为主、股票为辅的混合型基金。相比于固定收益、稳健增长和保本增值策略，该组合具有较高的预期收益和风险水平。在年金基金投资组合中，该基金属于风险较高、预期收益较高的产品。适合那些愿意进行较长期投资并承担较大风险以获取更大、更长期回报的投资者选择。

六、企业年金投资策略的比较与选择

（一）投资策略比较分析

为了更好地比较以上五种不同策略类型的优劣，在表 5-1 中列出了它们的特点、资产配置和业绩基准，以便更直观地进行对比。

表 5-1　　　　　　　　　　不同策略类型的对比

策略类型	特点	资产配置	业绩基准
绝对收益	投资于非市值波动的固定收益类产品，满足风险承受能力较差，追求长期稳定收益的投资者	权益类资产（新股申购，0%～15%）+非市值波动的固定收益类（80%～95%）+货币市场工具（5%以上）	银行 3 年期定期存款基准利率
固定收益	投资于固定收益类和货币市场工具，满足风险容忍度低，追求资产安全性和流动性的客户需求，实现资产的稳定增值	市值波动类固定收益资产（0%～55%）+非市值波动类固定收益资产（40%～95%）+货币市场工具（5%以上）	年通货膨胀率+1 年定期存款基准利率
稳健增长	投资于权益类产品、固定收益类和货币市场工具，权益类资产主要配置于新股申购，通过适量的债券回购资金申购新股，在控制组合风险的前提下获得较高超额收益	权益类资产（新股申购，0%～20%）+市值波动类固定收益资产（40%～95%）+非市值波动类固定收益资产（0%～40%）+货币市场工具（5%以上）	中国债券综合全价指数
保本增值	采用固定比例组合保险技术（CP-PI），在锁定期限内，在本金安全的基础上实现稳定收益	权益类资产（0%～20%）+固定收益类（75%～95%）+货币市场工具（5%以上）	与保本周期同期限的银行定期存款税后收益率
积极进取	投资于权益类产品、固定收益类和货币市场工具，满足可以接受一定投资风险以获取一定预期收益的客户需求，实现风险控制下的收益最大化	权益类资产（0%～30%）+固定收益类（60%～90%）+货币市场工具（10%以上）	中国债券综合指数（全价）×75%+沪深 300 指数收益率×25%

（二）不同策略的选择标准

投资策略首先应满足委托人的偏好，并根据市场情况进行适当调整。然而，在实际操作中，并不像看起来那么简单，大多数投资者无法在市场转折时正确或客观地判断市场情况是否发生了变化，只有事后才能明确这种变化。因此，仅依靠适应过去变化的投资策略往往只适用于过去的市场，难以判断今天甚至未来一段时间的市场效果。因此，衡量投资策略优劣的根本标准应结合企业年金委托人的偏好，根据企业职工的年龄结构和生命周期，运用投资组合理论，判断所采用的策略在较长时期内是否能满足委托人的要求。

通过分析过去成功和失败的策略的原因和结果，研究其经济和市场背景，可以更好地制定投资策略。如果投资策略依赖于市场中快速变化且不确定的因素，那么使用这种策略失败的可能性会增加。相比之下，如果投资策略依赖于市场中相对稳定的因素（至少在过去市场发展中是如此），那么该策略未来成功的概率应该更高。因此，投资策略所依据的理念越符合委托人的偏好和市场的本质，其确定性就越强，成功的可能性就越大。

第六节　企业年金的个人投资

一、企业年金个人投资的必然趋势

在企业发起的养老金计划下，养老金账户资产的个人产权性质是一种特殊形式的财产权利，即延期支付权利或补偿性的资产收入权利。这种权利来源于工作期间的收入，但只能在退休时才能得到补偿。养老金投资的根本目标是保障受益人的利益，使养老金受益人的目标权益最大化。然而，由于资产的所有权与投资控制权相分离，养老金计划的发起人和受益人无法对投资各方具有完全的约束能力，因此需要适当的机构去监督或直接从事资产的投资决策。在大多数的 DC 型积累制模式下，参加养老金计划的个人拥有投资决策权，享有收益权，并承担相应的投资风险，以实现权利与义务、收益与风险的相对平衡。在我国企业年金的 DC 型信托制管理结构中，个人账户养老金来自职工个人和企业的缴费以及投资增值部分。从产权视角来看，企业年金个人账户属于个人产权，职工在获得受益资格后拥有账户资产的最终所有权。账户年金资产的投

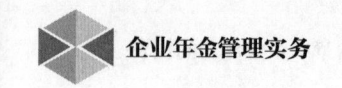

资选择权是基于个人产权派生出来的权利，年金投资运营是一种委托代理关系，最终的受益人应该是职工个人。因此，职工个人理应享有企业年金的投资选择权利。

二、发达国家企业年金个人投资的实践与研究

在 DC 型个人账户养老基金的投资过程中，个人的选择权体现在三个层面：一是投资机构的选择，二是投资基金的选择，三是投资产品的选择。首先，个人可以从金融市场上的养老金计划管理机构中选择受托人提供账户管理服务，并从受托人提供少数投资基金组合进行选择。这种方式主要在拉美国家和中东欧国家等实行。其次，个人可以直接在金融市场上的股票基金、债券基金、指数基金、生命周期基金等投资工具中进行选择。这些国家的资本市场发达，对养老基金采取审慎监管，个人的选择范围广泛、转换灵活。最后，在少数养老金市场发达的国家和地区，个人可以直接选择养老金投资基金、债券和个股产品。

根据国际经验，个人账户企业年金投资选择权的执行情况可以得出以下几点经验：

（1）简单有限的投资组合对于个人行使投资选择更高效。例如，在美国、瑞典和澳大利亚的养老基金中，个人行使投资权的比例不足 10%。相比之下，拉美国家和中东欧国家提供的选项较少，但参保缴费者的选择比例很高，智利高达 70%，中东欧国家平均超过 85%。这是因为，对于非专业的投资人员而言，过多的投资选项会增加复杂性和信息负担反而给投资选择带来了困难。为了应对选择过多和投资产品过于复杂的问题，越来越多的国家开始引入默认选项，成为养老基金投资的新趋势，甚至成为大部分投资者的主要选择工具。

（2）个人在作出投资选择时更倾向于选择风险类投资，这在英国、美国等发达国家和发展中国家均有体现。例如，在瑞典、澳大利亚、智利等国家，权益类基金的选择比重超过 50%。这可能与个人投资过程中存在的过分自信和试探性决策行为相符，也可能与投资者期望收益较高的心理相关。

（3）高收入者、已婚人员和高级职务者更倾向于选择权益类资产；年轻人相比退休年龄前后的老年人更倾向于选择风险类投资。然而，收入水平对养老金投资的影响并不显著，一些低收入者仍偏好风险投资。

第七章
企业年金风险管理

第一节 信息披露机制

完善的信息披露制度是企业年金监管的重要环节,是世界各国企业年金监管成功的经验之一。建立信息披露制度,通过相应制度规定要求当事人公开特定信息,从而使相关当事人受到市场监督,防范违法违规行为发生,同时也起到降低监管部门监督成本的作用。

一、企业年金计划信息披露的原则

鉴于企业年金所有者和托管者之间双方利益的不完全一致性和内外部信息的不对称性等特点,企业年金的信息披露一般应遵循以下四个原则:

(1)充分性原则。要求企业年金的信息披露主体必须遵照国家相关规定,在披露内容上要公开所有法定项目要求披露的信息,不得有欠缺和遗漏。

(2)有效性原则。包括准确性和重要性两个方面。准确性要求所披露的信息必须是准确无误的,能正确反映客观事实真相或事物的发展趋势,杜绝信息披露中的虚假、误导、掩饰陈述等不良现象。重要性一般指可能对企业年金运行及收益产生重大影响的信息,通过披露使监管部门、委托人和受益人能及时了解披露主体内部和外部出现的重大变化,及其这种变化对企业年金运营直接和间接产生的影响。

(3)及时性原则。指披露主体应在规定的时间内,按规定频率及时披露应该披露的信息,使监管部门、委托人和受益人及时掌握、分析、评估和监督披露主体企业年金运营的实际情况和最新情况。及时性主要是从信息披露的时间角度来衡量的,包括日常信息、月度信息、季度信息、年度信息和临时信息等

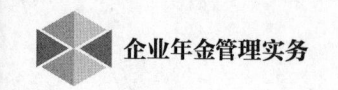

信息的披露。

（4）公开性原则。要求披露主体有适当的信息传递载体和渠道，以保证监管部门、委托人和受益人能通过他们所能接触到的媒介便利地获得充足和合适的信息，社会公众也能获取到相关主体的基本情况、服务特点等信息。同时，通过信息披露的公开性可以使企业年金的运营管理更加透明，降低和防范不规范经营行为的发生。

二、企业年金信息披露规定和报告制度

信息披露制度渗透在有关的法规和信息披露的规范文件之中，如《企业年金基金管理办法》（人力资源和社会保障部令第 11 号）、《人力资源和社会保障部关于企业年金基金管理信息报告有关问题的通知》（人社部发〔2009〕154 号）、《人力资源和社会保障部关于企业年金集合计划试点有关问题的通知》（人社部发〔2011〕58 号）等。因此，完善的企业年金信息披露制度本质上就是企业年金相关法律、法规和制度文件的完备。只有不断完善企业年金法律法规和规章制度，才能保证企业年金信息披露制度的完善。

（一）报告制度

报告是指受托人（包括企业年金基金法人受托机构和企业年金理事会，下同）按照规定和合同约定，向委托人报告企业年金受托管理情况；账户管理人向受益人报告企业年金权益情况；账户管理人、托管人和投资管理人分别向受托人报告企业年金账户管理、托管和投资管理情况；受托人、账户管理人、托管人和投资管理人向社会保障行政部门报告企业年金基金管理情况。

企业年金基金管理机构和企业年金理事会应当遵循真实、准确、完整和及时的原则，依据通知要求，认真、规范地履行报告义务。

企业年金基金管理信息报告包括定期报告、临时报告、终止报告。

（二）会计信息披露

会计报表。主要指各计划受托人和相关主体一定期间的经营成果、现金流量和一定周期的财务状况的会计报表，为会计信息披露的主要内容。

报表附注。附注是以文字形式为主，对主表的有关重要项目予以说明，侧重提供计划受托人和相关主体的非数量性信息，附表和附注统称为报表注释。

（三）补充报表

作为会计报表的补充，在会计信息的充分披露中扮演者衍生物的作用。

（四）财务状况说明书

财务状况说明书是会计报表的衍生说明，帮助报表使用者完整、准确地理解其财务状况和经营成果。

（五）其他会计信息

在财务报告中，除披露会计报表的信息外，还可以有其他披露会计信息及其派生信息的方式，如会计信息的其他说明、财务分析指标、财务预测信息等，这些派生信息虽在强制性上有所欠缺，但更受信息使用者欢迎。

第二节 企业年金投资主要风险分析

风险是指不确定性对目标的影响，是客观存在的。在国家监管机构指导下，企业年金管理涉及信托关系、委托代理关系等多种复杂关系。同时，在投资运营过程中，会出现诸多不确定因素，这就决定了企业年金的风险链较长、风险面较大，应从不同角度对企业年金投资风险进行识别与分析，主要包括以下三个方面：

一、宏观经济变动引起的风险

在经济社会之中，一项经济活动都不可避免地要受到所处宏观经济环境的影响，这既涉及经济发展基本面的因素，也直接受到国家宏观调控政策的影响，是由多种经济活动和系统因素作用而发生的。经济发展基本面因素可能包括资产价格的正常波动、资产泡沫和金融危机的出现及不可预见的通货膨胀等。国家宏观调控政策可能涉及货币政策、财政政策、产业政策、收入分配政策等，都会对各种金融工具的价格产生影响，价格波动则直接影响企业年金的投资收益水平，增加了企业年金投资的不确定性。例如，2008年的经济金融波动，使得美国的年金基金在一年半的时间内损失了20%。全球金融市场的剧烈震荡也使得阿根廷私人养老基金平均损失高达40%。另外，国家宏观调控政策出台，引起债券和股票市场波动，也可能直接影响企业年金基金的投资收益。因此，企业年金投资必然会受宏观经济波动的影响，需要接受、顺应、利用好周期性的变化。

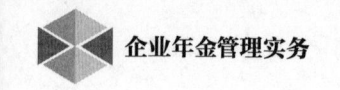

二、企业年金在市场运营中产生的风险

企业年金是在市场中进行投资运营的，在市场机制的作用下，企业年金投资会由于市场因素的波动而产生风险，这些风险主要包括市场风险、通货膨胀风险、流动性风险、利率与汇率风险等。

（1）市场风险是企业年金投资运营中最普遍、最常见的风险，指由于资产市场价格的波动而使资产投资者收益变化的风险。股票和债券是企业年金市场投资的常见投资工具。而这两种产品受市场波动影响非常显著，投资股票和债券，相比银行存款与政府债券的风险要大。同时，由于我国资本市场发展还不够完善，股票和债券的价格经常有较大波动，会对企业年金投资收益带来冲击。

（2）通货膨胀风险，又称购买力风险，是指由于通货膨胀的影响，导致企业年金投资绩效受损，投资风险加大，乃至影响企业年金计划的缴费和支付。通货膨胀对企业年金基金积累的资产价值和最终支取额度的价值产生影响。设立企业年金是为了补充保障职工的退休福利，如果通货膨胀风险加大，则积累的养老金储备其价值达不到补充养老的效果，那么企业年金设立的意义也就会大打折扣。

（3）流动性风险是指企业年金基金资产不能迅速转变成现金，或者不能应付可能发生的大额给付的风险。企业年金因其有刚性支出特点，所以企业年金需要保持足够的流动性，以满足给付需求。企业年金流动性风险需要防范三种情形：一是企业年金基金投资的现金流入不能满足应支付现金支出，如受益人达到退休年龄，或员工因特殊情况退出年金计划；二是特殊事件引发的现金危机，如出现资产贬值、信心丧失或法律危机等意外事件时；三是资产与负债匹配不当，引起流动性风险。

（4）利率风险是由于市场利率变动的不确定性所导致的风险。利率调整受到一系列因素的调控，包括国民经济走势、物价涨跌、利率市场化等市场性因素，还涉及各个社会阶层的利益等社会性因素。利率调整主要通过影响银行存款利息所得而对企业年金中银行存款的投资收益产生影响，从而影响企业年金收益水平。

（5）汇率风险是由汇率的变动所引起的。在我国日益广泛地介入经济全球化进程，国际市场也成为投资的方向。因此，汇率变化对企业年金投资收益的影响也日益显著。在汇率逐步地由市场因素决定的情况下，与国内利率相比，汇率的不可控性、不确定性要更大一些。特别是近年来国际经济不平衡加剧，增加了汇率波动的潜在可能性。

三、企业年金投资运作主体引起的风险

企业年金投资主体包括委托人、受托人和投资管理人。在企业年金投资运营过程中，各有关主体行为变化也会使企业年金投资产生很多不确定因素，形成各类风险。

（1）委托代理风险是进行投资运营的一种常见风险，主要包括三个方面：一是为代理人的道德风险，代理人为了追求自身的经济效益选择未按照法律规定与合同要求执行相关的工作，致使企业年金的投资收益受损，甚至可能出现企业年金的亏损；二是为投资人无法实现对企业年金的全过程跟踪，信息不够公开透明，致使很多投资结果与委托人预期结果不符，未能达到预期的经济效益；三是为企业与一些专业能力不强的单位签订委托协议，而并未与正规银行签订委托协议，致使企业年金市场运作的有效性有所降低。

（2）操作风险指由于不完善的内部操作流程、人员、系统或外部事件而导致直接或间接损失的风险，包括制度、人员、独立性和技术风险等。制度风险指由于制度存在漏洞或制度的权威性不强导致的风险。人员风险主要来源于操作人，主要指操作人员专业能力不足、技能水平不高或偶然性失误，导致操作不当甚至违规操作的风险。独立性风险指在企业年金投资管理过程中由于各部分独立性不足而引发的风险，不能保持不同委托人的资产之间、委托人的资产与投资管理人所管理的其他资产运作上的独立，将带来相互利益输送的风险。技术风险指由于企业年金交易系统或账户管理系统发生故障而造成损失的风险。

（3）投资集中风险是指企业年金基金过度集中投资于某类或某一资产的风险。当投资过分集中于风险较大的权益类证券，在当证券市场下滑或投资的某个或某些企业出现危机，年金基金将会大幅缩水，丧失了年金基金的安全性。当投资过分集中于风险很小的固定收益类证券或现金资产，有可能出现收益赶不上通货膨胀的速度，浪费市场给予的增值机会，失去了增值性。

（4）关联风险是指年金基金被投资于企业年金计划时产生的风险，即年金基金自我投资产生的风险。关联投资虽将职工利益和企业利益捆绑，休戚与共，一定程度上能起到激励员工、降低企业统筹成本的作用，但在企业经营状况下滑甚至破产时，企业年金基金有可能连本金都一去不回。例如，美国安然公司

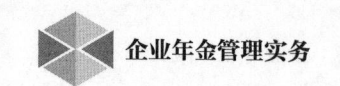

的职工养老基金中约有 58%被用于购买本公司的股票,其股票价格最高时达 90.56 美元,而破产后却不值 1 美元,职工不但失去支撑生活的工作,也失去了积累多年的养老基金。

(5)违约风险又称信用风险,是指企业年金基金投资的标的由于债务人或交易对手不能履行或不能按时履行其合同义务,或者信用状况的不利变动而导致的资产损失风险。违约风险包括投资主体的破产造成的违约、投资对象的破产造成的违约等。信用风险主要体现在委托代理关系中,各有关主体行为变化会使企业年金投资产生很多不确定因素,形成违约风险。

第三节 基金担保机制—风险准备金制度

企业年金基金投资运营是实现安全性、流动性和保值增值的基础。但在投资运营过程中,外部宏观经济影响、市场波动及企业年金基金管理服务机构的管理不善或违规操作等因素,都将带来较大的投资收益波动,甚至可能产生负收益,对企业年金制度的稳定性带来威胁。各国企业年金基金运营的经验和实践表明,企业年金基金担保机制是抵御风险、缓解企业年金运行风险的有效途径之一。

有关企业年金基金担保机制涉及许多方面,有再保险类,也有风险准备金类。再保险类又可分为相对收益率担保与绝对收益率担保、政府担保与机构自保;风险准备金类按来源方式可以分为投资收益、佣金、自有资本等,年金基金担保的顺序为:盈余准备金—风险准备金—自有资本—清算—担保基金。因此,风险准备金属于年金基金担保机制中的第一线准备金,也是最初级的担保方式。由于我国企业年金基金市场仍处于起步阶段,《企业年金基金管理办法》仅规定了投资管理人必须提取风险准备金,没有建立再保险类担保机制。

一、企业年金基金风险准备金的提取方式

企业年金基金风险准备金是指由企业年金基金管理服务机构按照监管规定提取比例,从企业年金基金净收益和手续费中提取一定比例的资金,用于弥补企业年金基金投资亏损的一系列制度安排。

各国企业年金基金管理服务机构的风险准备金的提取方式不尽相同,根据其来源可分为以下三类:

（一）从投资收益中按一定比例提取

由于企业年金基金风险准备金主要应对企业年金基金投资过程出现的投资收益波动较大的风险，因此风险准备金主要来源于企业年金基金投资收益的一定比例提取。

（二）从企业年金基金管理服务机构的自有资本中提取

在造成企业年金基金投资收益波动的因素中，企业年金基金管理服务机构的操作风险不容忽视。因此，由操作风险引起的损失理应由管理服务机构自有资本进行弥补。所以，年金基金管理服务机构自有资本也是风险准备金的一个重要来源。

（三）从资产管理手续费中提取

通常由监管机构规定一个提取比例，从资产管理手续费提取一定的风险准备金。由于企业年金基金管理服务机构所管理的年金基金财产与收取的资产管理手续费成正相关，以一定比例从管理手续费中提取作为风险准备金，可使得风险准备金随所管理资产的增加而增长。

二、我国企业年金基金投资管理风险准备金制度规定

按照《企业年金基金管理办法》规定，我国企业年金基金投资管理风险准备金是从投资管理人收取的管理费中提取的。提取的标准是按照投资管理人当期收取管理费的20%提取风险准备金；当余额达到基金财产净值的10%时，可不再提取。根据投资管理委托合同的规定，风险准备金可以按月、季、年提取，期限应和管理费的提取期限相同。企业年金基金投资管理风险准备金须在托管银行专户存储，将提取的风险准备金及时足额划入投资管理人开立的风险准备金专用存款账户。

企业年金基金投资管理风险准备金专项用于弥补企业年金基金投资亏损。风险准备金的专项使用，是指除用于弥补企业年金基金投资亏损外，不得用于其他目的，受益人、受托人、投资管理人和托管人在委托投资管理合同期满前均不得动用或支取风险准备金。委托投资管理合同期满，基金发生投资亏损，则用提取的风险准备金弥补亏损的责任，如投资管理人有违法等行为时，还应承担相应的赔偿责任；基金未发生投资亏损或风险准备金弥补投资亏损后仍有余额，如不续签委托投资管理合同，则风险准备金的全额或剩余金额划归投资

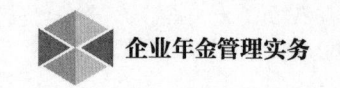

管理人所有，投资管理人可以动用或支取，受托人不得以任何理由截留；如续签委托投资管理合同，投资管理人将不得动用或支取风险准备金，并将上期风险准备金结转本期，风险准备金比例不足约定的基金净值下限时，在本期按照约定继续提取，直至达到约定的比例。

三、企业年金基金风险准备金的意义与作用

风险准备金制度的建立，对于保持企业年金基金稳定、健康发展具有重要的意义：一是能确保年金基金持续保值增值，抵御年金基金大幅度波动的风险；二是风险准备金是由企业年金基金管理服务机构出资设立的，从而增加了其投资运用的成本，因此会促使年金基金管理服务机构加强投资研判、履职尽责，提升投资收益，从而增加年金基金运营的效率；三是企业年金基金的风险准备金制度具有较强的激励作用。

企业年金基金风险准备金是用于对企业年金基金运营亏损的补偿。在建立企业年金基金风险准备金制度时，要注意两个方面。一方面，需要对企业年金基金运营损失进行界定，一般有两种方式，一种是由监管机构设定一个最低的保证投资收益率，称为最低收益保证，当投资收益率低于最低收益保证时，即视为损失，必须用所提供的风险准备金进行弥补；另一种是由监管机构设定一个平均收益率，也视为损失发生，需要年金基金风险准备金介入补偿差额。另一方面，监管机构可按照损失程度，分为一般损失和重要亏损，运用不同的风险准备金。一般损失，是指仅用投资收益所形成的准备金就能弥补的损失，就动用投资收益的风险准备金。而重大损失则指单纯依靠投资收益形成的准备金不能弥补，需要其他准备金进行补偿的损失，因此需要在动用投资收益的风险准备金基础上，动用其他类型的准备金及再保险机制中的担保基金。

第四节　企业年金投资绩效评估

一、企业年金投资评估的必要性和重要性

企业年金投资绩效评估是对企业年金投资管理的成本与收益、风险与收

益、绩效来源的评估。企业年金投资绩效评估和反馈作为企业年金基金投资管理的重要环节，不仅在于评价，还在于向企业年金投资管理过程提出改进意见，有助于投资运作水平得到不断改善和提高，使企业年金基金更好地实现增值。

通过绩效评估，可以发现企业年金投资战略资产配置和战术资产配置的成功与失败的原因，探索如何在下一阶段的企业年金投资过程中发现投资机会、防范投资风险。企业年金投资绩效评估以绩效评估和风险评估为基础，对投资组合的收益进行风险调整，通过基准比较和分类比较，形成对投资决策委员会及基金经理的绩效与能力判断，并使用绩效归因模型分析投资组合超额收益的来源，形成对投资管理人和基金经理的行为专业、公正的评价与建议。

二、企业年金绩效评估方法

投资收益是在承担相应风险的基础上取得的成果，单纯以投资收益为评价标准，无法客观全面地评估企业年金基金的投资绩效。投资收益率高的企业年金基金可能是由于所承担的风险较高使然，并不能表明企业年金基金投资管理人在投资上有较高的投资技巧；而投资绩效表现差的基金可能是风险较小的基金，并不一定表明企业年金基金投资管理机构的投资能力水平低。企业年金基金风险绩效评估方法就是通过对收益加以风险调整，得出同时对收益与风险加以分析的综合指标，从而可以客观、公正、可比地对企业年金基金及其投资组合的业绩进行评估。基金三大经典风险调整绩效评估方法夏普指数、特雷诺指数、詹森指数可以运用于企业年金投资的风险调整绩效评估中。对基金三大经典风险调整绩效评估方法和其他新的绩效评估方法，必须综合考虑综合运用。

（一）夏普指数（sharp ratio）

夏普指数反映了单位风险基金净值增长率超过无风险收益率的程度。夏普指数代表投资人每多承担一分风险，可以拿到较无风险报酬率（定存利率）高出几分的报酬。如果夏普比率为正值，说明在衡量期内基金的平均净值增长率超过了无风险利率，在以同期银行存款利率作为无风险利率的情况下，说明投资基金比银行存款要好。夏普比率越大，说明基金单位风险所获得的风险回报

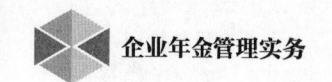

越高。反之，则说明了在衡量期内基金的平均净值增长率低于无风险利率，在以同期银行存款利率作为无风险利率的情况下，说明投资基金比银行存款要差，基金的投资表现不如从事国债回购。而且当夏普比率为负时，按大小排序没有意义。

公式为：夏普指数=（平均报酬率-无风险报酬率）/标准差。平均报酬率：净值增长率的平均值；无风险利率：银行同期利率；标准差：净值增长率的标准差。

（二）特雷诺指数（treynor ratio）

特雷诺指数是每单位系统性风险获得的风险溢价，是投资者判断某一基金管理者在管理基金过程中所冒风险是否有利于投资者的判断指标。特雷诺指数越大，单位风险溢价越高，开放式基金的绩效越好，基金管理者在管理的过程中所冒风险有利于投资者获利。相反，特雷诺指数越小，单位风险溢价越低，开放式基金的绩效越差，基金管理者在管理的过程中所冒风险不有利于投资者获利。

公式为：$T=(R_p-R_f)/\beta_p$，其中：T 表示特雷诺业绩指数；R_p 表示某只基金的投资考察期内的平均收益率；R_f 表示考察期内的平均无风险利率；β_p 表示某只基金的系统风险。

（三）詹森指数

詹森指数是测定证券组合经营绩效的一种指标，又称为阿尔法值，是衡量基金超额收益大小的一种指标，是证券组合的实际期望收益率与位于证券市场线上的证券组合的期望收益率之差。詹森指数综合考虑了基金收益与风险因素，比单纯的考虑基金收益大小要更科学。詹森指数代表的就是基金业绩中超过市场基准组合所获得的超额收益，詹森指数>0，表明基金业绩表现优于市场基准组合，大得越多、业绩越好；反之，如果詹森指数<0，则表明绩效不好。投资者可以参考詹森指数，来对基金投资的期望收益与证券市场的期望收益进行比较。

公式为：詹森指数$=R_i, t-[R_f, t+\beta_i(R_m, t-R_f t)]$。其中，$R_m, t$ 为市场投资组合在 t 时期的收益率；R_i, t 为 i 基金在 t 时期的收益率；R_f, t 为 t 时期的无风险收益率，β_i 为基金投资组合所承担的系统风险。

三者的区别是：夏普指数表示用标准差作为衡量投资组合风险时，投资组合单位风险对无风险资产的超额投资收益率；特雷诺指数表示投资者承担单位风险所得到的风险补偿。夏普指数和特雷诺指数越大，表示基金投资组合的业绩越好。而詹森指数表示用 β 系数作为衡量投资组合风险时，基金投资组合与证券市场线的相对位置，如果某一基金投资组合的詹森指数大于零，则意味着该投资组合的业绩比股价指数的业绩好。当然，詹森指数越大，基金投资组合的业绩越好。

夏普指数与特雷诺指数是一种比率评估指标，给出的是单位风险的超额收益率。詹森指数给出的是差异收益率。比率评估指标与差异评估指标在对企业年金基金绩效的排序上有可能得出不同的结论。夏普指数与特雷诺指数尽管评估的都是单位风险的收益率，但二者对风险的计量不同。夏普指数与特雷诺指数在对基金绩效的排序结论上有可能不一致。特雷诺指数与詹森指数只考虑了绩效的深度，而夏普指数则同时考虑了绩效的深度与广度。詹森指数要求用样本期内所有变量的样本数据进行回归计算。

第五节　投资风险类型及风险控制

一、投资风险类型

企业年金投资是企业年金计划的关键，是实现企业年金保值增值的核心渠道，保障了企业年金可以足够支付。企业年金本质是长期性的投资性基金，其根本原则是安全性、流动性和收益性，切实保障企业年金收益人的核心利益。因此，做好企业年金投资风险管控至关重要。

按照一般的投资风险分类，可以分为市场风险、利率风险、通货膨胀风险、政策风险、集中风险、关联交易风险等部分。本书主要介绍企业年金的市场风险、集中风险和关联交易风险。

（一）市场风险

市场风险是指由于市场资产价值和定价发生变化而引起的潜在损失或者未来受益的不确定性，特别是收益率低于目标收益率而导致的企业年金在进行投资管理过程中形成资产亏损的风险。资产流动性风险也可以引发市场风险，资产流动性风险本质就是因为市场金融工具缺乏深度或失灵而使得金融机构运用

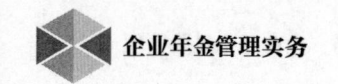

此金融工具不能按其市场价值及时兑现而引起的风险。

（二）集中风险

集中风险是指过度集中投资于某类或某一资产造成资产亏损，使委托人和受益人的利益受到损害的风险，集中风险主要包括以下几种情形：第一种情形是使企业年金基金过度依赖企业年金基金计划发起人和参与人的缴费而不是投资绩效；第二种情形是使投资组合不能实现必要的投资分散，不能有效地降低投资组合的非系统风险；第三种情形是不能有效地分享其他金融工具提供的投资机会。

（三）关联交易风险

关联交易风险是指在企业年金基金管理过程中，由于关联交易的不确定而导致损失的可能性。关联交易风险是一种动态风险，是在企业年金交易过程中产生的风险。企业年金涉及众多运营主体、运作复杂，关联交易或多或少存在。一方面，关联交易可以在一定程度上提高效率、降低成本，但非公允的关联交易会严重影响企业年金正常运行。企业年金关联交易主要存在以下几类：一是同一主体交易，企业年金基金管理机构或其关联方以本人身份出现与企业年金基金互为交易的双方；二是代理交易，企业年金基金管理机构以企业年金基金代理人的身份参与交易，而交易的另一方为关联方；三是共同交易，企业年金基金管理机构在交易中以本人身份出现，与企业年金基金同为交易的一方与第三方进行交易；四是自我投资，企业年金基金的自我投资，包括向发起企业贷款和购买发起企业或关联企业发行的股票或其他投资工具。

二、投资风险控制

（一）市场风险的控制

市场风险伴随着企业年金基金投资活动的整个过程，基本无法杜绝，但可以通过投资决策和投资行为的分析实现风险程度的定量和定性分析，实现较大程度风险的规避。资本市场的规模性可以实现市场风险规避，通过巨大的企业年金资产可以提供多样化的投资工具，结合投资市场结构的合理调节可以实现市场风险的规避。

（二）集中风险的控制

集中风险的控制策略本质就是投资分散化，实际和市场风险的控制一致，通过制定分散化的投资策略，包括设计分散化、监督分散化，有效实现集中风险的控制。

（三）关联风险的控制

关联交易风险的控制的核心就是企业年金基金管理的潜在关联方务必是遵守法律法规关于关联交易的规定，做好本职工作，不踩红线；同时，也要严格管控企业年金计划发起人去投资相关联的股票。

第六节 年金管理的挑战与对策

一、人口老龄化对中国年金管理的影响及对策

（一）人口老龄化影响

随着人口老龄化程度加深，老年人口数量不断增大，养老金的需求也不断增大。此时，若全社会统筹账户养老金无法支撑，则需增加国家财政投入以维持养老金水平，或者降低养老金待遇水平；老年人口比例变大，对目前正在缴纳的社会保险费用的中青年将带来负担。人口老龄化也会严重影响企业年金缴费率，人口老龄化程度加剧也代表了人口的寿命延长，人口寿命延长将提高养老金的需求，企业年金作为第二支柱养老金，为了保障退休职工一定标准的养老金待遇，就必须在一定程度上提高企业年金的缴费费率，并且提高企业年金的收益率，确保职工在退休时能享受到一定标准的退休待遇。

（二）针对人口老龄化影响的对策

我国现有的企业年金投资方式较为统一，无法结合年龄结构和风险偏好实现个性化，职工无法实现养老保险产品的个人选择。通过开放企业年金的个人选择权，向职工提供标准化的投资产品选项，提供不同风险偏好的投资产品选择，可有效扩大企业年金的覆盖范围。同时，降低中小企业建立企业年金的标准要求，要充分考虑中小企业员工的流动性强、规模小、效益低的特点，降低中小企业缴纳企业年金的费率，放宽企业年金领取条件，允许企业为满足一定条件的员工建立企业年金。政府要做好企业年金政策宣贯的力度，提高企业年金制度的权威性，并为中小企业建立企业年金提供支持。

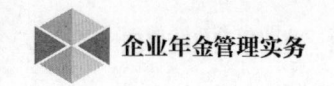

二、技术创新对中国年金管理的影响

（一）区块链技术赋能企业年金管理

企业年金引入区块链技术可以实现企业年金业务接口的统一，企业年金各方管理人之间的业务数据交互将会统一规范，实现标准化，提高协同协作效率。企业年金区块链上可以实现智能合约，将整个合同条款转化成代码进行输入，满足条件后，电脑自动执行，可以避免人工操作导致的风险，降低企业年金管理主体的沟通和对账成本。企业年金区块链信息录入无法篡改，且可以被追溯，可以确保信息真实可靠，将资金转化为数字进行保存。对于"受托＋账管"模式，由不同主体担任受托人与账户管理人，运用区块链技术在两者之间进行数据传输，一方面，保证了受托人发挥对账户管理人的监督职能；另一方面，降低了原先所需的信息传输成本，提高数据交互的效率。

区块链，一方面，运用非对称密码技术进行数据的加密；另一方面，依赖共识机制生成新的数据区块，以此来保证数据不被伪造和篡改，提高安全性。非对称加密指的是在对数据加密或者解密时使用公钥和私钥这样的非对称密钥，其有两个显著的特征：一是数据的加密和解密所需要使用的密钥不相同；二是不同于公钥向公众公开，私钥是保密和隐私的，并且为保护私钥的安全，基于公钥无法推出其相应的私钥。企业年金区块链可通过设置多个权限，使年金管理人使用私钥受理合同、办理各项业务，而非管理人也可作为区块使用公钥对其进行监督，从而有效规避了企业年金信息传输过程中敏感数据发生泄露，保障信息的安全。

（二）AI技术在年企业金资产管理上的应用

人工智能（artificial intelligence，AI）技术可以实现企业为员工提供企业年金的投资顾问服务，与传统投资顾问一样，智能投资顾问承担着用户和金融产品之间的纽带作用，智能投资顾问在年金资产管理中的应用可以归纳到两个方面：连接用户和连接产品。

智能投资顾问连接用户：根据员工日常投资数据分析个性化风险偏好，根据不同的风险偏好提供个性化、准确的企业年金资产配置方案。因为员工风险偏好并不是固定不变的，大部分人的风险偏好会随着市场涨跌、收入水平等环境因素的变化而变化，智能投资顾问的风险偏好识别可以实时动态计算。

智能投资顾问连接产品：通过算法和资产配置模型，计算出企业年金最优投资组合，也可通过多因子风控模型更好、更准确地把握前瞻性风险。

第七节 国家对于企业年金风险管理的监管监督

政府监管主要通过政府有关部门进行企业年金基金监管。按照政府部门的职能，这种监管可以划分为三种，即立法监管、司法监管和行政监管。

一、立法监管

比较完善的企业年金法律制度是企业年金基金监管的前提和依据。立法机构应通过颁布法律，建立适合本国国情的企业年金法律体系，同时制定负责执行该法律的有关机构应当遵守的一般标准及其职责范围。立法监管的事项一般包括企业年金计划的设立和执照许可、计划治理主体和相关主体的资格许可、供款率的登记和批准、必须禁止的交易行为、有关的财务报告、财务审查及其他财务要求、最低资本金和担保基金、企业年金基金的整顿和清算、有关的税收优惠待遇等。

二、司法监管

司法监管是司法部门（主要是法院）参与企业年金基金监管活动。尽管企业年金基金监管中的大部分纠纷都可以在诉诸法律前得到解决，但司法部门仍然在企业年金基金监管活动中发挥十分重要的作用。首先，在企业年金基金的管理者与受益人之间发生通过其他途径无法解决的分歧时，可以依靠法院判决解决分歧。其次，当有关当事人实施了某种违反法规的行为时，法院通过颁布支持监管机构的命令，判定有关当事人的民事或刑事责任，以保证有关法规的贯彻落实。最后，当企业年金基金计划治理主体对其他监管机构的有关规章或命令有异议时，可以诉诸法院，要求变更这些规章或法令。

三、行政监管

由于企业年金基金监管活动的复杂性和针对性，政策制定者通常授权具体的行政机构专门监管企业年金基金的有关活动。立法机构对管理运营机构、中介机构、受益人授予行政权、准立法权和准司法权。目前，大多数国家都是在某个行政部门之下建立一个明确的机构来行使专门的监管职权，通常把监管者置于财政部、劳动部或保监会之下。我国企业年金的行政主管部门主要包括人力资源和社会保障行政部门、中国证券监督管理委员会、国家金融监督管理总局，对企业年金的建立运行、投资行为等进行监督管理。

参 考 文 献

[1] 翟永会. 中国企业年金运行管理研究．[M]．北京：中国社会科学出版社，2022.

[2] 李珍．社会保障理论［M］．北京：中国劳动社会保障出版社，2007.

[3] 于新亮．企业年金决策研究：内在动力和外部条件［M］．北京：经济科学出版社，2018.

[4] 姚玲珍．德国社会保障制度［M］．上海：上海人民出版社，2011.

[5] 黄勤．美国的企业年金制度及其对我国的启示［J］．产业经济研究，2003（03）：65-71.

[6] 马洪范，范秋萍．澳大利亚养老保障制度的经验与启示［J］．经济研究参考，2017（33）：74-79.

[7] 王雯，李珍．2012年英国强制性第二支柱养老金改革及其对中国的启示［J］．社会保障研究，2013（04）：86-91.

[8] 黄明林．日本企业年金制度的变迁及启示［J］．财会月刊，2020（17）：126-134.

[9] 张慧智，金香丹．韩国多支柱养老保障体系改革及启示［J］．人口学刊，2017，39（02）：68-77.

[10] 杨燕绥．企业年金理论与实务［M］．北京：中国劳动社会保障出版社，2003.

[11] 胡峰．企业年金理论与实务［M］．北京：中国电力出版社，2018.

[12] 翟永会．不同类型企业的年金计划模式选择之探讨［J］．华东经济管理，2012，26（02）：143-146.

[13] 许燕，鞠彦辉．城乡居民社会养老保险个体替代率精算及实证分析［J］．金融理论与实践，2017（10）：95-101.

[14] 刘洋．我国企业职工基本养老保险制度养老金替代率水平研究［J］．云南师范大学学报（哲学社会科学版），2017，49（02）：89-94.

[15] 王增文，李晓琳．预期寿命增长、个人账户支付缺口与养老金替代率［J］．财政研究，2022（3）：113-128.

[16] 谢世清．论我国企业年金管理模式改革的战略方向［J］．保险研究，2009（1）：77-82.

[17] 邓大松．社会保险［M］．北京：中国劳动社会保障出版社，2015.

[18] 邓秉文，等．中国养老金发展报告2016［M］．北京：经济管理出版社，2016.

[19] 王刚义，陈树文，徐文新．企业年金与管理［M］．辽宁：大连理工大学出版社，2014.

[20] 李连仁，盛晨．企业年金 100 问［M］．北京：中国劳动社会保障出版社，2018．

[21] 杨长汉，王瑞华．企业年金投资管理［M］．北京：经济管理出版社，2017．

[22] 康士勇．社会保障管理实务［M］．2 版．北京：中国劳动社会保障出版社，2003．

[23] 曲统昱、吉彩红．我国企业年金制度发展现状及对策研究［J］．海南金融，2020（12）：40-47．

[24] 房连泉．企业年金投资管理改革：放开个人选择权的重要性［J］．开发研究，2017（5）：9-15．

[25] 苏民，逯宇铎．经济周期视角下的资产轮动模式［J］．金融理论与实践，2011（1）：33-36．

[26] 舒婷，施若．区块链技术在企业年金管理中的发展探索［J］．中国管理信息化，2021（23）：178-180．